Jack Kerouac
O REI DOS BEATNIKS

Jack Kerouac
O REI DOS BEATNIKS

Antonio Bivar

editora brasiliense

Copyright © Antonio Bivar, 2004

Nenhuma parte desta publicação pode ser gravada, armazenada em sistemas eletrônicos, fotocopiada, reproduzida por meios mecânicos ou outros quaisquer sem autorização prévia da editora

ISBN: 85-11-03083-2
Primeira edição, 2004

Coordenação editorial e de produção: Célia Rogalski
Produção editorial: Thiago Lima
Produção gráfica: Allan Luigi Pasquariello
Preparação: Beatriz de Cássia Mendes
Revisão: Luiz Ribeiro e Beatriz de Cássia Mendes
Editoração: Patrícia Rocha
Foto de capa: Wilbur T. Pippin
Capa: Marina S. Lo Schiavo

Dados Internacionais de Catalogação na Publicação (CIP)
(Câmara Brasileira do Livro, SP, Brasil)

Bivar, Antonio, 1941 -
  Kerouac : o rei dos beatniks / Antonio Bivar. - São Paulo : Brasiliense, 2004. - (Coleção encanto radical ; 83)
  Bibliografia.
  ISBN 85-11-03083-2
  1. Geração beat - 2. Kerouac, Jack, 1922-1969
I. Título. II. Série.

04-4207   CDD-306.1092

Índices para catálogo sistemático:
1. Beatniks : Sociologia : Biografia 306.1092
2. Cultura beat : Personagens : Sociologia : Biografia 306.1092

editora brasiliense s.a.
Rua Airi, 22 - Tatuapé - CEP 03310-010 - São Paulo - SP
Fone/Fax: (0xx11) 6198-1488
E-mail: brasilienseedit@uol.com.br   www.editorabrasiliense.com.br
livraria brasiliense s.a.
Rua Emília Marengo, 216 - Tatuapé - CEP 03336-000 - São Paulo - SP
Fone/Fax: (0xx11) 6675-0188

SUMÁRIO

Intróito 7

Capítulo 1
Uma infância católica... 9

Capítulo 2
Os caminhos da adolescência............................... 16

Capítulo 3
Dramatis Personae 26

Capítulo 4
Pé na estrada, moçada!.. 41

Capítulo 5
A estrada da vida e suas curvas perigosas........... 53

Capítulo 6
Flashes da Revolução Beat 60

Capítulo 7
As trilhas do excesso não têm fim.. 69

Capítulo 8
Escalando montanha, atravessando fronteira
e cruzando o Atlântico... 76

Capítulo 9
Declínio e queda 91

Capítulo 10
Post-mortem beat boom – o legado 102

Capítulo 11
Da obra beat traduzida no Brasil 112

Bibliografia de Jack Kerouac (& ano de publicação)..... 117

Cronologia.. 119

Sobre o autor 123

INTRÓITO

Esta pequena biografia de Jack Kerouac não seria possível sem o que dele e sobre ele existe de material impresso. Não conheci pessoalmente nenhum de seus personagens, mas acompanho a Cultura Beat desde que dela tive notícia, ainda nos anos 50, pela imprensa.

A primeira biografia de JK que li era de 1973, *Kerouac*, escrita por Ann Charters. A minha edição é da Picador inglesa, de 1978. Outra, de Gerald Nicosia, *Memory Babe*, de 1983, é maciça – quase 800 páginas. Dizem que não ficou nada de fora. Essa não li. Mas li outras, são muitas. Uma das mais simpáticas é *Angelheaded Hipster*, de Steve Turner (Bloomsbury, 1996). *Kerouac's Crooked Road*, de Tim Hunt, não é biografia, mas é, talvez, a melhor análise crítica acadêmica sobre a ficção de Jack Kerouac (University of

California Press, 1996), especialmente sobre *On the Road* e *Visions of Cody*.

Artigos, críticas, resenhas, reportagens e trívias, ao longo dos anos, em jornais e revistas – do que coletei –, sem dúvida foram de grande proveito. A edição de 22 de junho de 1998 da revista *New Yorker*, com nove páginas dos diários de Kerouac (até então inéditos), e que encontrei por *serendipity* na casa de uma amiga inglesa na Ilha de Wight no verão europeu de 2001, é um exemplo desses pequenos grandes tesouros que muito ajudam a enriquecer um trabalho. Mão na roda também são os *sites* de busca na internet.

Das fontes brasileiras, Cláudio Willer, em sua introdução à primeira edição brasileira de *Uivo*, de Ginsberg (L&PM, 1984), é altamente esclarecedor no que concerne a traduções beat para a nossa língua. E, de grande serventia para os interessados na Geração Beat, o livro *Alma Beat* (L&PM, 1984) é até hoje o trabalho mais abrangente sobre o tema escrito por brasileiros.

E, assim, outros. As conversas com o poeta Roberto Piva enquanto escrevia este livro, no tórrido verão de 2003, foram esclarecedoras. Piva é, no Brasil, o poeta dessa intensidade.

Apesar de este *Jack Kerouac* não pretender ser mais que um aperitivo para os novos interessados na vida do "Rei dos Beats" e dos personagens dramáticos do movimento, e uma *saideira* para os que deles sabem até mais que eu, acredito que ao escrever esta biografia o fiz com entusiasmo semelhante ao do biografado quando datilografou a versão de *On the Road* no rolo de telex.

CAPÍTULO 1

UMA INFÂNCIA CATÓLICA

"Meus antepassados emigraram da França – da Bretanha e da Normandia – para o Canadá. O primeiro ancestral a se estabelecer no Canadá foi o Barão Alexandre Louis Lebris de Kérouac, por volta de 1750. Ele ganhou terras à margem da Riviera do Lobo (perto de Quebec) depois da vitória de Wolfe sobre Montecalm. Seus descendentes casaram-se com índias (Mohawk e Caughnawaga) e tornaram-se plantadores de batata. O primeiro a mudar-se para os Estados Unidos (New Hampshire) foi meu avô paterno, Jean-Baptiste Kérouac, carpinteiro. Minha avó paterna era uma Bernier, descendente indireta de Bernier, o explorador. De modo que do lado paterno são todos bretões. Do lado materno, tudo o que sei é que minha mãe tem nome normando, L'Evesque." (Jack Kerouac, na introdução de *Lonesome Traveller*).

Tanto do lado paterno quanto do materno, os avós do futuro escritor mudaram-se para os Estados Unidos quando os filhos ainda eram crianças. De origem franco-canadense, Jack Kerouac nascerá em um sobrado de madeira, no subúrbio de uma cidade de médio porte, no noroeste dos Estados Unidos, estado de Massachusetts. Nasceu às 5 da tarde do dia 12 de março de 1922. Era o terceiro filho de Leo e Gabrielle Kerouac (a família já não usava acento agudo no sobrenome), irmão de Gerard e Caroline. Gerard era cinco anos mais velho, e Caroline, três. Pais católicos, família de classe média-baixa, mas com histórias e lendas de aguçar a imaginação de qualquer criança. No brasão da família, a legenda *Aimer, Travailler et Souffrir* – Amar, Trabalhar e Sofrer. Jack irá pagar por isso. Uma de suas missões aqui na Terra será tentar descobrir mais sobre suas origens. Encontrará ramificações irlandesas e celtas (por parte de pai) e até um suposto elo com Napoleão (por parte da mãe).

Lowell, onde nasceu, era uma cidade industrial, trinta milhas ao norte de Boston e mais ou menos a mesma distância do mar. A cidade tinha pouco mais de 100 anos e crescia às margens do caudaloso rio Merrimack, que transbordava durante os meses de chuva e neve. Vivia da indústria têxtil. Os habitantes, em sua maioria, vinham de extrações polonesas, irlandesas, portuguesas, gregas e francesas. Cidade operária, semana de cinco dias e meio de trabalho, os homens almoçavam em seus lares, as mulheres cuidavam da limpeza, da cozinha e da criação dos filhos. Quando podiam ou precisavam, elas também trabalhavam fora. A mãe de Jack, com os filhos já crescidos, trabalhou fora praticamente o resto da vida para ajudar no orçamento doméstico.

Cada grupo étnico tinha sua própria comunidade. Os de origem francesa, como era o caso dos Kerouacs, dispunham de várias paróquias, escolas onde as lições eram dadas em francês e onde até havia um jornal nessa língua. Jack só irá começar a aprender inglês pra valer aos 11 anos. Até então, especialmente em casa, crescerá falando francês. Nos primeiros tempos de escola, seus professores eram freiras e padres jesuítas. Ele terá ótimas recordações desses ensinamentos.

Jack foi batizado numa igreja francesa exatamente uma semana depois de nascer e recebeu na pia batismal o nome de Jean-Louis Lebris de Kerouac. Em casa tinha o apelido de Ti Jean (Joãozinho).

Gente simples, convencional, ninguém estava interessado em arte ou beleza, mas em dar duro no batente e cuidar de ter um futuro digno estruturado na modéstia. O ano do nascimento de Jack coincidia com um marco internacional para a Literatura, a eclosão do Modernismo. Mas Lowell nem tomou conhecimento. Jack nasceu no ano de *Ulysses*, de Joyce, dos *Contos da Era do Jazz*, de Fitzgerald, de *O Quarto de Jacob*, de Virginia Woolf, do poema seminal *A Terra Devastada*, de T.S. Eliot. Em Praga, Kafka escrevia *O Castelo*. Herman Hesse, na Alemanha, publicava *Sidarta*. Em São Paulo, tão longe, na América do Sul, os nossos modernistas bagunçavam o coreto com a *Semana* no Teatro Municipal, quando a paulicéia desvairou. A Primeira Guerra Mundial ainda pesava na memória de muitos, mas lá em Lowell a única notícia de interesse relevante no ano do nascimento do futuro "Rei dos Beats" foi a posse do Papa Pio XI em Roma.

O primeiro grande trauma na infância de Jack Kerouac aconteceu quando ele tinha 4 anos. Seu irmão, Gerard, morreu, aos 9 anos, de febre reumática. Ele levava Jack para passear, despertando-o para a religiosidade – imagens de santos, Cristo sangrando na cruz (a visão mais impressionante e assustadora), a Via Sacra. A morte do irmão foi uma perda irreparável, que acompanhará o escritor para sempre.

Com apenas 4 anos, Jack morria de medo de dormir sozinho. Dormiu por anos na cama da mãe. Ela, fervorosa, inculcava na mente do menino que seu irmão fora um verdadeiro santo. Gerard, que gostava de orar, comunicava-se com os animais e podia ver anjos. E a mãe contava que Gerard fora mesmo um anjo que Deus levou muito cedo deste mundo. Jack acreditava que um dia o irmão ressuscitaria, como Cristo ressuscitou. Anos depois, dizia acreditar que lá de cima o irmão guiava seus passos aqui embaixo. Em 1956, escreveu *Visions of Gerard*, inspirado no pouco tempo de vida do saudoso irmão. O livro foi publicado sete anos depois.

O medo da morte sempre perseguirá Jack. Uma vez, ao atravessar com a mãe a ponte do rio Merrimack, viu um homem cair morto na sua frente. Jack ficou tão impressionado que o pavor de uma morte súbita jamais o deixará.

Aos 5 anos, o menino já ia ao cinema com a irmã Caroline ("Nin", como era chamada), de 8. Aos sábados, iam às matinês do Cine Royal. O mundo cinematográfico, nessa época, já era globalizado. De modo que as matinês no cinema em Lowell não eram diferentes das matinês em qualquer cinema de cidade de interior no planeta. Os filmes que alegravam a petizada do mundo inteiro eram os mesmos. Nin e Jack entravam de graça no Cine Royal porque o pai, que era linotipista, era quem imprimia os programas. Nin e Jack chegavam uma hora mais cedo para pegarem o lugar mais disputado, no balcão, onde mascavam chicletes de bola perto dos querubins de gesso e assistiam a seriados, filmes de faroeste estrelados por Tom Mix, Hoot Gibson e Hopalong Cassidy.

Aos domingos, iam com a mãe à igreja, e desde cedo Jack se acostumou com o confessionário. Aos 8 anos, teve a primeira aventura dormindo fora, a céu aberto, com amiguinhos. Foram até uma cidade vizinha, em New Hampshire, dormiram às margens do rio Merrimack, no frio, e acordaram gelados. Havia também os longos passeios noturnos por entre árvores, com a mãe e a tia, quando iam visitar parentes na Nova Inglaterra. Jack ouvia com interesse a conversa das senhoras.

Embora morando sempre na mesma Lowell, a família vivia mudando de residência e de bairro. As dificuldades financeiras eram uma constante. O pai, embora um bom homem, jogava cartas, apostava em cavalos e bebia muito. De modo que a família nunca tinha dinheiro. A mãe é que era a fortaleza, o esteio. Ainda assim, na infância, Jack viajou com a família para visitar parentes em Montreal e Quebec, no Canadá.

Das mudanças todas, a casa de que Jack irá se lembrar como a mais confortável era a de Pawtucketville, bairro da outra margem do Merrimack. Ele estava com 10 anos. Era um menino tímido e recluso, de natureza nostálgica. Vivia num mundo todo dele.

Jack sempre se lembrará com saudade das panquecas e das salsichas preparadas pela mãe no café-da-manhã. Dos hambúrgueres no almoço, da costeleta de porco, do purê de batatas e da gelatina de cenoura, aos domingos; da torta de cereja com creme de leite batido e do pudim de baunilha, na sobremesa. Dona Gabrielle Kerouac ("Mémère", como era chamada, algo como "mãezinha", no dialeto bretão) era uma mulher prática, sem vaidades, econômica, mas não mesquinha, tinha rosto redondo e sereno. Usava óculos e era muito caseira. Leo, o pai, era mais sociável. Afinal, como linotipista, estava sempre em contato com a freguesia. Jack dirá, depois: "Meu pai foi um homem absolutamente honesto, cheio de alegria; tornou-se amargo nos últimos anos, desgostoso com a política de Roosevelt e com a Segunda Guerra Mundial". Morreu de câncer no baço.

Aos 11 anos, as aulas já em inglês, um dos colegas lhe apresentou uma literatura toda nova: as histórias em quadrinhos. *O Sombra* e *O Detetive Fantasma*, entre outras. Dessa fase, *O Sombra* é sua leitura favorita. Sob o pseudônimo de *Maxwell Grant*, Walter Gibson, o criador do personagem, foi responsável por 285 histórias. Cada uma com média de 60 mil palavras, do tamanho de um romance, só que em quadrinhos. Jack identificava-se com *O Sombra*, que acabava com os crimes e limpava a cidade dos malfeitores. Influenciado por esses textos, nas aulas de redação Jack escrevia histórias tão bem-construídas que o professor duvidava que fosse ele realmente o autor, o que o deixava furioso. Aos 11 anos ele também ganhou um cavalo, presente do prefeito, amigo de seu pai. Jack deixava toda a garotada da vizinhança montar seu *Billy White* (o nome do animal). Mas, um dia, o cavalo galopou sozinho rumo ao desconhecido. Jack nunca mais o viu.

CAPÍTULO 2

OS CAMINHOS DA ADOLESCÊNCIA

Aos 16 anos, Jack dava a impressão de ser fisicamente amadurecido. Já se barbeava. Era másculo e esportista. O pai o idealizava um craque do futebol americano. Jack tinha as pernas curtas em proporção ao resto do corpo.

Vaidoso que só ele, molhava o cabelo para fazer topete e impressionar Mary Carney, a garota de origem irlandesa por quem se apaixonou aos 17 anos, derretido por sua extrema feminilidade. Mary queria ficar em Lowell para sempre, ali casar e constituir família, enquanto Jack aspirava sair, viajar, tornar-se escritor. Mas ela será para sempre o ideal feminino sonhado por ele. Mary Carney, que se casou duas vezes, será a inspiração para o romance *Maggie Cassidy*, que escreverá em 1953 e que será publicado em 1959. Jack continuará se encontrando com ela, ainda que esporadicamente, até o fim da vida. Mary Carney foi a única garota que Jack Kerouac realmente amou. Muitas vezes, ele se questionará se não teria sido mais feliz permanecendo em Lowell, levando uma vida simples e convencional como a maioria dos amigos dali.

Por ter-se destacado no futebol, aos 17 anos ganhou uma bolsa de estudos para fazer o *college* em outra cidade.

Embora fosse bom de bola, no time havia outros garotos, filhos de operários, que eram tão bons ou até melhores que ele. Mas Jack, que nascera com uma estrela, destacava-se mais pelo exibicionismo – em campo, ganhava confiança e perdia a timidez, era cativante e fascinou o treinador, que descolou para o pupilo uma bolsa como atleta de futuro. Podia escolher entre o Boston College ou a Universidade de Columbia. O pai preferia Boston – ali ele tinha como arranjar emprego e a família poderia se transferir para lá. Mas Mémère achou que Columbia seria melhor para o futuro do filho e ficou decidido que era para lá que ele iria. Os pais nem desconfiavam que, com essa decisão, o destino do filho tomará um rumo inimaginável. Antes, porém, era preciso um ano de preparação para a faculdade, e ele foi para a Escola Horace Mann, em Nova York. Foi a primeira vez que saiu da casa dos pais para morar fora. Mais tarde, confessará que, com a mudança, perdeu para sempre a certeza da segurança eterna de um lar-doce-lar. Ficou morando no Brooklyn, com uma boa senhora que vivia sozinha e que era até meio parente – madrasta de sua mãe. Mas não era a mesma coisa.

Desde os 14 anos Jack adquirira o hábito de manter um

diário onde comentava o seu dia-a-dia. Nunca deixará esse hábito, mantendo-o até a morte. Então, aos 17 anos ele continuava escrevendo.

Nessa fase, ia cedo para a cama. E para a escola, no dia seguinte. Levava uma lancheira com a merenda que ele mesmo preparava. Os exercícios escolares e as tarefas de casa eram feitos no percurso de trem e metrô, que durava mais de duas horas. Tudo era novidade, e ele se excitava com a paisagem urbana, a poluição, os arranha-céus, o Times Square. Cochilava na sala de aula, mas suas notas eram sempre boas. Os colegas preguiçosos pagavam um dinheirinho para que ele, como *ghost writer*, redigisse seus trabalhos. E treinava futebol até a exaustão. Afinal, o atletismo cobrava muito dele como pagamento pela bolsa de estudos. Nessa época, escrevia também para o jornal da escola. Eram contos ligeiramente "pornográficos" (segundo um colega dessa época, que contou para um de seus biógrafos), resenhas sobre música popular e crônicas esportivas. Um colega cuja família se relacionava com o *band leader* conseguiu para Jack uma entrevista com Glenn Miller. A entrevista foi publicada no jornal do colégio.

A *Horace Mann School for Boys* ficava na Rua 246 e era, na época, a melhor escola particular de Nova York. Situada no emergente subúrbio de Riverdale e distante apenas 20 minutos de carro do Harlem, era incrivelmente elegante, com suas mansões de jardins enormes e calçadas largas. Nessa escola, a maioria dos colegas eram judeus ricos de Manhattan trazidos em limusines guiadas por motoristas uniformizados. Jack, que os achava "exóticos", era visto pelos colegas como o garoto pobre vindo da província. Crescendo a olhos vistos, a roupa encurtava – o tecido do terno que usava era barato, de sarja. Quando a namorada, Mary Carney, foi assisti-lo numa partida, ficou tão constrangida diante da elegância das moças de Nova York que caiu em pranto dizendo que queria voltar para casa no primeiro trem, sentindo-se uma caipira deslocada. Contudo, Jack se deu bem nessa escola. Não demorou a sentir-se tão cosmopolita quanto os outros. Seus colegas dessa época diriam, anos depois, que ele era bonitão e estiloso. Nos fins de semanas freqüentava festas nas ricas mansões e conquistava muitas garotas. E, pra variar, estava sempre inquieto, buscando alguma verdade, alguma coisa que não encontrava nunca. Foi nessa época, 1939, que fumou o primeiro cigarro de maconha, e foi também quando perdeu a virgindade indo para a cama com uma prostituta de Manhattan.

Jack gostava de caminhar sozinho pelo Times Square, admirando as prostitutas, observando gigolôs, rufiões e michês fazendo o trabalho deles na Rua 42. Flertava com o proibido. A vida era também a possibilidade de mil pecados. Dali um ano, sua entrada na Universidade de Columbia não demoraria a se revelar decepcionante. Era obrigado a ler Homero todo, lavava talheres, pratos e panelas no refeitório, em troca da alimentação, e tinha de treinar muito. Não sobrava tempo para nada mais. No futebol, no curto tempo em que atuou, foi considerado o melhor *back* do time. Mas não teve sorte – em um dos primeiros jogos, ainda como calouro, quebrou a perna. E, se ele estava na universidade graças à bolsa esportiva, o fato de ter quebrado a tíbia logo de saída o fez sentir-se psicologicamente péssimo. Foi forçado a ficar fora do campo durante o resto da temporada – a rachadura da tíbia era mais séria do que se pensava – e pôs a culpa no treinador, que exigira muito dele. Mas ainda nem imaginava que sua carreira de atleta estava encerrada – ao voltar para o campo, foi confinado ao banco de reservas. Nesse ínterim, impossibilitado de treinar, aproveitava o tempo com outros afazeres. Tempo para ouvir Frank Sinatra (na flor da mocidade e na crista da onda) e assistir aos filmes franceses estrelados por Jean Gabin. Jack escrevia longamente em seu diário, escrevia contos e vivia, como todo o mundo, a angústia dos anos da Depressão. A compensação era ter mais tempo para ler os livros da extensa lista indicada pelos professores. Nos exames, ficou para a segunda época em Química. Passou parte das férias em Lowell, tendo de estudar a matéria, que odiava. Mesmo assim, encontrou tempo para nadar com a turma, beber cerveja e namorar. Firmou amizade com a rapaziada da família Sampas, de origem grega, que conhecia desde a infância. Com esses rapazes, Jack tinha afinidades literárias, esportivas e musicais. E, dessa família, Stella Sampas será, 25 anos depois, sua terceira e última esposa.

A amizade de Jack Kerouac com a família Sampas é digna de apreço. Em 1940, voltou a privar com Sebastian Sampas, seu amigo desde a infância e que, pouco tempo depois, na guerra, morrerá na Itália, na batalha em Anzio.

Sebastian, que agora estudava arte dramática em Nova

York, apresentou sua turma a Kerouac. Uma rapaziada animada que, como Sebastian e Jack, eram moços de origem modesta, mas transcenderam sua classe e formação evoluindo para pólos mais elevados. Mais culto que Kerouac, Sebastian levou o amigo para assistir Duke Ellington, Count Basie, Lester Young e outros. Freqüentam o *Apollo*, o *Savoy*. Sebastian recitava Byron, cantava "*Boulevard dos Sonhos Desfeitos*" e apresentou a Kerouac os livros de Jack London. Esse escritor tornou-se um importante modelo para Kerouac, por ter sido autodidata e ter-se empregado em todo tipo de trabalho braçal antes de fazer fortuna como escritor. London foi pescador de salmão, estivador, patrulheiro, pirata, pescador de pérola, operário de uma indústria de enlatados, viveu como vagabundo viajando clandestinamente em trens de carga, tudo para ter a experiência da vida na América e poder escrever sobre ela. "Eu preferia ser um meteoro, cada átomo em mim brilhando magnificamente, do que ser um sonolento e permanente planeta. A primeira função do homem é viver, não existir", escreveu London. Outro autor que Sebastian Sampas indica para Kerouac é Thomas Wolfe. Mais uma identificação à primeira leitura. Wolfe, com sua descrição dos tipos e paisagens americanos, abre de vez a imaginação de Kerouac, que fica excitadíssimo para explorar o grande continente e ganhar conhecimento, experiência e *pathos*. Uma outra América se abria para ele.

Voltando ao verão de 1941, no final da estação a família Kerouac muda-se de Lowell para West Haven, em Connecticut.

Jack sente-se arrasado. Era muito apegado a Lowell – sua vida toda, até então, fora vivida ali. De qualquer modo, seus sonhos são, nessa época, no mínimo delirantes. Chegou à conclusão de que era perda de tempo tentar ser herói no esporte escolar, quando campeões de verdade estavam se alistando para a Guerra, que já ia longe em seu segundo ano. Kerouac não se despediu nem do treinador. Foi saindo de fininho, saindo à francesa, e saiu.

Acreditava ter tomado a decisão mais importante de sua vida. Pegou um ônibus Greyhound até Washington, mas, como estava sem grana, o jeito foi, de lá, pegar o ônibus para o bangalô dos pais em West Haven. Os pais ficaram furiosos por ele ter abandonado uma educação de primeira classe, que era a Universidade de Columbia. Desentendeu-se com o pai. Este mandou que o filho arranjasse imediatamente um trabalho. O pai lembrou-lhe que ele próprio tinha de andar milhas, diariamente, até o emprego de linotipista, enquanto a mãe dava duro limpando as mesas em uma cafeteria. E a carreira no esporte? E a carreira universitária? O que era aquilo?! Onde se viu atirar fora, sem mais nem menos, o que até então parecera um futuro brilhante? Sentindo-se incompreendido, Jack saiu de casa, arranjou um empreguinho qualquer e alugou um quarto. À noite, escrevia contos no estilo de Hemingway. Em 1942 os pais voltaram para Lowell e Jack foi junto, arranjando um emprego como cronista esportivo num jornal local.

Mas o emprego, como todos os outros, durou pouco. Daí para a frente sua vida será um ir-e-vir até a morte. Em Nova

York assistiu Sinatra ao vivo e ficou encantado. Em Washington foi operário de construção. Trabalhou em bares e já levava uma vida sexualmente promíscua. Teve caso com uma garçonete que o excitou mostrando sua coleção de fotos de sacanagem. A guerra ia em frente e ele se alistou na Marinha. Como estava demorando para ser convocado, arranjou trabalho na Marinha Mercante, como lava-pratos na cozinha do navio *S.S. Dorchester*. Rumando à Groenlândia, o navio transportava dinamite e 500 operários para um trabalho braçal naquela gélida região. Foi uma travessia perigosa, submarinos alemães soltando torpedos pela rota. Entre ida, estadia e volta, a viagem durou três meses. Ao regressar, Jack deixou o emprego. Sorte dele. Em sua viagem seguinte, o *S.S. Dorchester* afundou e mil homens morreram.

Nova York fervilhava. Vivia-se o *boom* do *Be-Bop*. Clubes de jazz abundavam. Kerouac viu Charlie "*Bird*" Parker, Dizzy Gillespie e outros cobras. Na companhia de Sebastian Sampas, saía com *showgirls* do burlesco. Mas Jack ia mais longe e Sebastian ficou chocado com a vida que o amigo levava. Nessa fase, Kerouac decidira experimentar absolutamente tudo em drogas e sexo. Estava com 20 anos e já não era mais um *teenager*.

A primeira experiência homossexual de Jack Kerouac foi em 1942. Ele a contou para um amigo. Foi numa viagem de carona de Nova York para Lowell. Estava vestido com o uniforme naval. O cara que lhe deu carona pediu para chupá-lo, e Jack deixou. Depois contou para o amigo que a experiência foi prazerosa. O amigo ficou horrorizado. Na época, isso não era comum no meio deles.

Jack voltou à Universidade de Columbia, e lá retomou algumas amizades, como Henri Cru, colega dos tempos da Horace Mann School. Cru vivia na rua 116 e estava de partida para um trabalho com a Marinha no Mediterrâneo. Andava saindo com uma garota chamada Edith *"Edie"* Parker, cuja avó morava no mesmo prédio que ele. Edie, estudante de arte, era rica e liberal. Cru apresentou Edie a Jack, e começaram a sair juntos.

Descontente com a universidade, Jack mais uma vez largou Columbia e voltou para a casa dos pais, em Lowell, onde arranjou emprego de manobrista num estacionamento. À noite, escrevia seu primeiro romance longo, provisoriamente intitulado *The Sea Is My Brother* (O Mar É Meu Irmão).

Embora desprezasse a burguesia e planejasse levar beleza à vida da gente simples, Jack Kerouac era apolítico, odiava o comunismo russo e via a si mesmo como um radical solitário com uma mensagem bem simples: a não-exploração do homem pelo homem. Em março de 1943, foi finalmente convocado pela Marinha. Ele, que já estivera em alto-mar a trabalho, achou insuportável ter agora, como companheiros, garotos inexperientes, cuja idade média era 18 anos, donos de um humor pueril e comportamento infantilóide. Jack também não suportava receber ordens dos superiores. Uma tarde, tendo abandonado o serviço para ler na biblioteca, foi levado ao hospital psiquiátrico e ficou nele até maio, quando foi dispensado. Em junho, embarcava no *S.S. George Weems*, rumo a

Liverpool, Inglaterra. Foi sua primeira travessia do Atlântico. O navio transportava bombas. À noite, na tranqüilidade solitária da cabine, escrevia seu romance ou lia autores ingleses, como a escritora lésbica Radclyffe Hall. E John Galsworthy, autor de *The Forsyte Saga*. Lendo Galsworthy, sentiu brotar a idéia de um dia escrever a saga de sua própria vida.

Era uma sexta-feira, 23 de julho de 1943, quando o navio aportou em Liverpool. Depois de um fim de semana a bordo, cumprindo as tarefas, Jack tomou o trem para Londres. Dois dias de folga. Visitou museus, assistiu a um concerto sinfônico no Royal Albert Hall, onde flertou com uma *lady*. Depois da récita, foram para o flat dela, onde dormiu. Meses depois, já em outubro de 1943, quando o *S.S. George Weems* chegou a Nova York, a primeira coisa que fez foi tomar o metrô para a Universidade de Columbia, e dali para a Rua 118, para se encontrar com Edie Parker. Jack Kerouac nem imaginava que começava ali uma movimentação que mais tarde receberá o nome de *Beat Generation*, movimento do qual ele será figura de proa.

CAPÍTULO 3

DRAMATIS PERSONAE

Contam, biógrafos e historiadores, que o movimento beat começou no apartamento de Edith *"Edie"* Parker. Foi lá que as principais figuras do movimento tiveram seus primeiros encontros, se apaixonaram, leram livros, discutiram idéias, experimentaram drogas, esconderam objetos roubados e fugiram da polícia. O apartamento ficava no sexto andar de um prédio na rua 118 Oeste, nas cercanias da Universidade de Columbia, Nova York.

O ano era 1943, e Jack Kerouac, jovem de 21 anos aspirante a escritor, acabava de voltar de uma viagem à Inglaterra em um navio da Marinha Mercante. Rolava a Segunda Guerra Mundial. Kerouac foi viver nesse apartamento com a própria Edie, com quem já tivera um caso antes da viagem à Inglaterra. Não se tratava de paixão, e menos ainda de amor. Nem Jack nem

Edie pretendiam abandonar a vida descompromissada que levavam, cultivando outras experiências, abertos para um leque de outros afetos.

Jack continuava muito ligado aos pais, indo freqüentemente para a casa deles, onde quer que vivessem. Era na casa paterna, graças ao zelo da mãe, Gabrielle, que encontrava paz para continuar escrevendo. Ele chegou a levar Edie para conhecer os pais, mas Mémère não gostou nem um pouco da moça. Sentiu que era perigosa, com pinta de *mulher fatal*, e estava levando o filho para o mau caminho. No que o pai de Jack concordava, indo além: as recentes amizades do filho eram responsáveis pelo seu declínio moral. E nem imaginavam que Edie ficara grávida e abortara enquanto Jack andou pelo mar.

Mas Jack e Edie tinham afinidades e se divertiam muito saindo juntos. Eram jovens, amavam o jazz e iam ao Harlem assistir aos shows. O entusiasmo do jovem casal despertava a atenção. Ficaram tão manjados que, mesmo sem conhecê-lo pessoalmente, o grande Dizzy Gillespie deu o título de *Kerouac* à uma composição sua dessa época. Billie Holiday também tratava o jovem casal com familiaridade, e consta que muitas vezes sentava-se à mesa com Jack e Edie para jogar conversa fora.

No outono, as primeiras mudanças. Chega Lucien Carr, um estudante loiro de 19 anos, do Missouri. Lucien vinha de boa família, boa criação e era precoce. Fora criança e adolescente problema, mas se deu bem na universidade, antes de abandonar os estudos para dar um tempo na estrada. Edie o conheceu numa aula de arte e convidou o rapaz para ir ao seu apartamento. Lucien Carr conheceu então o misterioso homem da Marinha Mercante que lia poesia e escrevia um romance. Era Kerouac.

No começo, Jack suspeitou de Lucien, achando que o rapaz ia criar conflito no seu caso com Edie. Mas logo relaxou, ao descobrir que ele só tinha 19 anos e amava outra garota. O jeito descontraído de Lucien Carr acabou cativando Kerouac. O que dizia era sempre imprevisível. E tinha personalidade. Usava camisas de cores fortes e sentia-se bem de pileque. Dono de cultura peculiar, dominava Shakespeare, Flaubert e Rimbaud. Kerouac, claro, quase três anos mais velho, era em tudo mais experiente – o tempo que passara na Universidade de Columbia, as resenhas que escrevera sobre literatura, jazz e esportes para o jornal da faculdade, o tanto de livros que lera; mas, ainda assim, era também, ele próprio, muito jovem e com muito da vida por descobrir. De qualquer modo, Flaubert e Rimbaud eram temas novos e Lucien Carr morava perto.

Era inverno, dezembro de 1943, aproximava-se o Natal quando Lucien Carr ouviu uma batida em sua porta. Era um garoto magrela, orelhudo e de óculos. Seu nome era Allen Ginsberg, judeu, 17 anos, calouro da Universidade de Columbia.

Então, recapitulando: o ano é 1943. Jack Kerouac, 22 anos; Lucien Carr, 19; Allen Ginsberg, 17. Filho de um poeta e professor de literatura e de mãe esquizofrênica, Ginsberg tinha entrado para a universidade pensando em se tornar advo-

Jack Kerouac e Lucien Carr, fotografados por Allen Ginsberg. Nova York, 1944.

gado para defender causas trabalhistas. Em sua casa era assim, o pai era socialista e a mãe comunista. Inspirado pela crença dos pais, Ginsberg, aos 17 anos, pretendia dedicar sua vida a serviço da classe operária americana.

Lucien Carr e Allen Ginsberg tornam-se amigos, e o primeiro dá ao segundo o endereço de Kerouac – sobre quem contou maravilhas de sua vida no mar e tudo. Meses depois, Ginsberg aparece de surpresa na casa de Kerouac. Era maio de 1944. Apesar de homossexual por natureza, o frágil Ginsberg ainda era virgem. À primeira impressão, achou Kerouac atraente, másculo, atlético. Eram fisicamente opostos, mas, no meio da conversa, chegaram à conclusão de que eram almas gêmeas. Ambos já tinham visto fantasmas e vinham questionando o sentido da vida face ao universo. Uma forte afinidade de natureza espiritual também os aproximava.

Voltando ao Lucien Carr: como Kerouac, ele também era um tipo de beleza máscula que atraía os homossexuais. Lucien tinha um conhecido, em sua terra, 14 anos mais velho, que cultivava uma atração fatal pelo rapaz. Dave Kammerer era seu nome. Kammerer, que não tirava Lucien da cabeça, descobriu o paradeiro dele e foi atrás. Lucien até gostava dele – porque, a bem da verdade, Kammerer tinha muitas qualidades, uma formação invejável, era bastante culto; mas Lucien, por não ser homossexual, evitava uma intimidade maior com Kammerer, por este não respeitar os limites territoriais e por ser desagradavelmente obsessivo. Mas, como Kammerer ressurgira e se mudara para perto, Lucien o apresentou a Allen Ginsberg. E foi no apartamento de Dave Kammerer que Ginsberg conheceu William Burroughs, alto, magro, 30 anos, óculos pequenos e redondos.

Burroughs, de intelecto afiado, iconoclasta, de humor corrosivo, vivia de uma renda familiar que o possibilitava morar bem. Não tinha outro objetivo senão cultivar a paixão pelos livros e o fascínio por armas de fogo, canivetes, drogas, criminosos e a vida marginal em geral.

Para um adolescente como Ginsberg, que estava apenas começando a vida, Burroughs era uma descoberta estimulante. Ali estava um homem que estudara Antropologia e Literatura em Harvard, Psicologia em Columbia e Medicina em Viena. E que tinha optado por trabalhar como *bartender* no Village só para estar no centro da barra-pesada.

As idéias-chave que irão caracterizar o que se tornará conhecido como *O Pensamento Beat* estavam lentamente se agrupando. Quando conheceu William Burroughs, no apartamento de Edie Parker, Jack Kerouac já sabia que aquele rapaz altivo e gentil virara as costas para sua origem rica e a respeitável formação para circular com criminosos, marginais e drogados pelas zonas mais perigosas de Nova York. Embora de origens sociais diferentes, Kerouac reconheceu em si próprio muitas das tendências de Burroughs. Ambos sentiam que aqueles que eram forçados a viver do outro lado da lei eram mais puros que os conformistas. Os *desolation angels*, como os chamava, eram abertos a revelações, coisa que os conformistas não eram, já que estes eram acomodados à corrupção do Sistema.

O pensamento de William Burroughs era influenciado pelos poetas simbolistas franceses, Baudelaire e Rimbaud, que escaparam do *background* burguês-católico pelo prazer de viver a vida em estilo decadente. Outro favorito de Burroughs era o visionário inglês do século dezenove, William Blake, autor da máxima: "A estrada do excesso conduz ao palácio da sabedoria". Kerouac e Ginsberg tornaram-se *discípulos* de Burroughs.

Mas, de repente, a barra pesou. Dave Kammerer intensificara sua obsessão por Lucien Carr. Tratou mal a namorada dele e até mesmo tentou se matar. Seguia os passos de Lucien e, uma noite, acabaram caminhando juntos até o parque no

Riverside. Kammerer teve um surto e tentou violentar Lucien. Lutaram. Lucien puxou o canivete pontiagudo e deu duas cravadas no coração de Kammerer, que morreu estrebuchando. Em pânico, Lucien amarrou, com os cordões do sapato, os pés e as mãos do morto, e foi rolando o corpo ainda sangrando até jogá-lo no rio. Ligou para Burroughs e Kerouac, contando o que tinha feito. Burroughs o aconselhou a arranjar logo um bom advogado e ir à polícia. Kerouac achou mais prático correr até lá e ficar vigiando se não vinha ninguém até Lucien enterrar o canivete e os óculos de Kammerer. Depois, para acalmar a tensão, foram beber, visitar o Museu de Arte Moderna e terminaram num cinema.

Demorou dois dias até Lucien Carr criar coragem e se entregar à polícia. A essa altura, o corpo de Dave Kammerer já tinha aparecido boiando no rio. Lucien foi preso.

A história desse jovem de 19 anos que matou o amigo de 33 ganhou manchete nos jornais de Nova York. Burroughs e Kerouac tiveram de depor como testemunhas, pois ambos sabiam do crime e não haviam avisado a polícia. Kerouac, por ter ajudado a esconder o canivete do crime e os óculos do morto, foi preso numa cadeia no Bronx até que pagassem fiança para ser liberado. Seu pai recusou-se a pagar. Para ele o filho estava realmente perdido, corrompido pelas piores companhias. Já os pais de Edie Parker concordaram em pagar US$ 2.500, desde que Kerouac se casasse com a filha. Embora se curtissem à maneira deles, nem Kerouac e menos ainda Edie pensavam em casamento. Edie queria distância do passado de formalidades burguesas em que fora criada. Mas a liberdade de Kerouac era mais importante e, pela grana que o livraria da cadeia, toparam casar.

Resumindo: Jack Kerouac e Edie Parker se casaram. Nesse meio tempo, a cena mudou de endereço. Agora moravam todos no apartamento de uma amiga deles, Joan Vollmer Adams, na Rua 115 Oeste. Menos Lucien Carr, claro, já que este continuava preso e só seria liberado dali dois anos.

Para deleite de todos, William Burroughs, que era homossexual convicto, começou um caso com Joan Vollmer. E Ginsberg, que tinha sido suspenso da universidade por escrever obscenidades do lado de fora da janela de seu quarto, e que, por isso, tinha de se submeter a uma série de exames psiquiátricos, também pegou um quarto nesse vasto apartamento de cinco dormitórios. Outros também foram morar nessa *república*: uma ruiva de nome Vickie Russell, namorada de um aspirante a marginal chamado Bob Brandenberg, e Hal Chase, um estudante de Antropologia do Colorado.

Segundo declarações de Burroughs décadas depois, a vida nesse apartamento podia ser chamada de *punk*. Para dizer o mínimo. Kerouac, de natureza extremamente sensível, sentia desenvolver nessa comunidade o que mais tarde descreveria como "uma decadência maligna". Vickie mostrava a eles como extrair benzedrina de inalantes, fazer bola e tomar com café, produzindo um efeito de anfetamina que podia durar horas. E Burroughs permitia que seus amigos da marginália freqüentassem o apartamento e escondessem em seu quarto objetos roubados. Burroughs também fazia experiências com diferentes drogas. E foi Jack Kerouac quem proporcionou a Allen Ginsberg, até então homossexual, mas virgem, a perda da virgindade. (Gore Vidal também contará, em entrevista à *Partisan Review*, ter feito sexo com Kerouac. Gore Vidal, sob o nome fictício de "Arial Lavalina", é personagem de *Os Subterrâneos* – mas, no livro, contou Gore, não há a seqüência dos dois na cama, em um quarto do Hotel Chelsea, que, segundo ele, foi o que aconteceu.)

Uma espécie de catálise da formação do que virá a ser chamado *Geração Beat*, em seu período inicial, foi o advento de Herbert Huncke na cena. Ele aparecerá como personagem, com nomes fictícios, em vários romances beat, de Kerouac a John Clellon Holmes.

Huncke, 30 anos, bissexual, usuário de drogas e ladrão, circulava pelo Times Square, onde foi apresentado a Burroughs. Huncke levava o tipo de vida marginal que fascinava Burroughs. Morfinômano, roubava para sustentar o vício. Sua turma era constituída de putas, michês, travestis, drogados, cafetões e gângsteres de meio expediente. Foi na companhia de Huncke que Burroughs tomou sua primeira injetada de morfina. Impressionado pelo estilo de vida de Huncke, Burroughs deixou o apartamento da Joan Vollmer e se mudou para o Lower East Side, para ficar perto dele. Deu um jeito de armar um encontro com Kerouac, para apresentá-lo a Huncke. Anos depois, Huncke lembrará: "Jack chegou, ainda parecia um jovem americano típico, aparência limpa e saudável, cabelo bem

Da esquerda para a direita: Hal Chase, Jack Kerouac, Allen Ginsberg e William Burroughs. Nova York, 1944.

penteado, parecia um anúncio das camisas *Arrow*. Jack me olhou com desconfiança, mas logo relaxou e passou a freqüentar meu apartamento com o Burroughs".

E Huncke, por sua vez, começou a ir à *república*, onde conheceu Ginsberg e Hal Chase. "Acho que eu era um pouco fora do comum para eles", disse Huncke. "Eles nunca tinham encontrado alguém como eu e não entendiam um monte de coisas que estavam acontecendo. Para eles, era tudo novidade."

Foi da boca de Huncke que Jack Kerouac ouviu pela primeira vez a palavra "beat" usada em outro contexto, para expressar "vencido", "caído", "derrubado", "tombado", "exausto". Huncke a usava assim: "Man, I'm beat" ("Mano, tô caído"). Era um dos termos favoritos no linguajar de Herbert Huncke e fácil de pegar.

Mas a vasta gama de possíveis significados do termo

"beat" intrigava Kerouac. Obviamente, "beat" também era um termo ligado à batida do jazz. *All That Jazz Beat Bit*. Mas ele percebia que, agora, a palavra passava um sentimento que caracterizava todas as pessoas com as quais se identificava, gente que tinha sido beat, abatida, vencida e relegada à margem da sociedade. Era um sentimento que unia os negros pobres, os drogados, os esquisitos e malucos que Kerouac encontrava em Nova York. Anos depois, revelará: "A primeira vez que ouvi a palavra com novo sentido foi dita por Huncke. Para mim, agora, ser beat significava ser pobre, dormir na calçada e, ainda assim, ter idéias iluminadas sobre o apocalipse e tudo".

Essa identificação com os que viviam à margem da sociedade se tornará a chave da escrita beat. Numa visão mais larga da paixão segundo os beats, Kerouac estava tocado pelos vagabundos e pelos estigmatizados racialmente; Ginsberg, por sua vez, simpatizava com os desviados sexualmente, e Burroughs, com os criminosos e viciados. Isso porque eles viam nesses grupos gente que rejeitara o *mainstream* americano, e particularmente porque acreditavam que uma nova visão da vida poderia surgir assim que a aparência superficial dos *valores civilizados* fosse desmascarada. No pensamento beat, os humanos eram essencialmente seres santos, sagrados, que foram corrompidos pela civilização e que poderiam ser salvos na redescoberta de sua natureza original.

A essa altura, Allen Ginsberg estava apaixonado por Jack Kerouac, mas este não se entregava particularmente a ninguém. E, sempre que podia, ia visitar Mary Carney, a eterna namorada da adolescência. Mary agora estava casada com um piloto que fora enviado para a guerra na Europa e só voltaria dois anos depois. Nesse tempo, deu à luz uma menina, Judy, que gente de Lowell comentava ser filha de Jack Kerouac. Isso nunca foi confirmado. Judy conta que jamais ouviu a mãe dizer qualquer coisa contra Kerouac. "Foi uma história de amor que não deu certo, talvez pela vida que ele levava."

Entra em cena Neal Cassady.

Nessa época, de todos os amigos, Kerouac passava mais tempo com Hal Chase, o estudante de Antropologia vindo do Colorado. Um professor influente, Justin Brierly, que também era homossexual, e também do Colorado, nas férias em Denver, apresentou Chase a um personagem que achava muito original. Tratava-se de Neal Cassady, um rapagão sarado crescido na pobreza em Denver, cuja mãe ele abandonara ainda criança para rodar sem destino com o pai desempregado e alcoólatra, que criara o filho pra lá e pra cá, vivendo em cortiços e toda a sorte de espelunca, quando não debaixo de pontes. Ainda assim, Cassady aprendeu a ler e escrever, e era um devorador de livros.

Quando conheceu Neal Cassady, o professor Brierly, atraído pelo carisma e pela energia que dele emanavam, o levou a ter sua primeira experiência homossexual. Entretanto, Cassady era vorazmente heterossexual e, como tal, continuará, muitas vezes, tendo relações com várias mulheres num mesmo dia e, segundo a lenda, até com várias ao mesmo tempo. Neal era naturalmente um ser priápico.

Neal Cassady era de fato notório por sua tremenda energia

e pelo grande magnetismo. Rude e rueiro o bastante para fascinar os homens e muito charmoso para facilmente conquistar as mulheres, durante o dia passava horas na biblioteca pública, devorando livros, e de noite saía para badalar. Aos 19 anos, gabava-se de ter roubado mais de 500 carros e só ter sido preso três vezes. Luanne Henderson, sua primeira mulher, gostosa como uma *pinup* de calendário de borracharia (casaram-se quando ela tinha 16 anos), disse: "Neal queria saber tudo, fazer tudo, conhecer todo o mundo. Nunca estava sem uns três ou quatro livros debaixo do braço. E, ao mesmo tempo que lia, conversava, jogava, cantava as mulheres, tudo ao mesmo tempo".

Então, achando que Neal Cassady seria um grande companheiro para Jack Kerouac, porque os dois eram essencialmente heterossexuais, amantes dos esportes, originários da classe operária, apaixonados por literatura e idéias, Hal Chase tratou de aproximá-los. Chase mostrou a Kerouac algumas cartas que Cassady lhe escrevera, tentando uma vaga na Universidade de Columbia, e mostrou para Cassady algumas cartas de Kerouac.

O ano de 1946 caminhava para o fim. Kerouac tinia por uma mudança. A *república* na Rua 115 degenerava a olhos vistos. O sereno Hal Chase já tinha se mudado dali e seu quarto era agora ocupado por Herbert Huncke e outro marginal. Burroughs fora preso por falsificar receita médica. Joan Vollmer tinha sido hospitalizada com psicose aguda por causa do abuso de benzedrina. Não demorou e Huncke foi encanado por posse de várias drogas. Ginsberg se mudara para a casa de uma família judaica na Rua 92. Nítida, também, era a transformação de Kerouac. Já não parecia mais o atleta musculoso de sua chegada à cidade. Era, agora, um usuário de drogas. O excesso de benzedrina causou pipocamento no sangue das pernas e Jack foi hospitalizado com tromboflebite – problema que, a partir daí, o acompanhará pelo resto da vida. Enquanto esteve hospitalizado, começou a pensar no prospecto de sua própria morte e na falta de sentido da vida. Sentimentos sombrios o atormentavam e, não muito tempo depois, o pai morria de câncer. Kerouac acompanhou a passagem do pai e sofreu como nunca ao constatar que uma das poucas pessoas que realmente o amaram estava agonizando. Leo Kerouac morreu nos braços do filho. Suas últimas palavras para Jack foram: "Cuide de sua mãe, não importa o que você esteja fazendo".

Para Kerouac, a morte do pai foi uma devastação. Para esquecer a dor, empregou toda a energia escrevendo *The Town and the City*, romance baseado em sua vida, de Lowell a Nova York. No diário, escreveu: "Quando terminar este livro, que será a soma, a substância e o lixo de tudo o que tenho vivido nesta vida fodida, eu serei redimido".

Em dezembro de 1946, finalmente Jack Kerouac e Neal Cassady se encontram. Neal e Luanne, recém-casados, foram para Nova York conhecer as pessoas de quem Hal Chase tanto falava. Arranjaram para o casal um apartamento. Quando Chase levou Kerouac e mais um outro amigo para conhecerem Neal, este abriu a porta pelado e de pau duro. Kerouac ainda vislumbrou a jovem esposa, também nua, correndo para se esconder. Neal pediu que eles aguardassem um pouco do lado de fora, que ia terminar um serviço. Do lado de fora, os três ouviam os gritos e gemidos de dor e prazer de Luanne, sendo estocada por Neal. Logo depois, vestido num cuecão e exalando miasma pós-orgasmo, abriu a porta e mandou que entrassem. Passaram a noite conversando e enchendo a cara. A respeito desse encontro, Kerouac escreverá, mais tarde, logo na primeira página de sua obra máxima, *On the Road*: "Com a chegada de Dean Moriarty começa a parte de minha vida que pode ser chamada de vida na estrada".

"Dean Moriarty" é o nome que Kerouac escolheu para Neal Cassady, a grande inspiração e *leitmotiv* do livro que colocará a *Beat Generation* no mapa.

CAPÍTULO 4

PÉ NA ESTRADA, MOÇADA!

Depois de quase uma década cruzando os Estados Unidos costa a costa, para cima e para baixo, com várias investidas no México e algumas poucas na Europa (Paris, Londres), e esticadas ao norte da África (Marrocos), Kerouac insistirá na conclusão a que chegara havia tempo: na verdade, seu maior sonho era uma cabana parecida com a de Thoreau em *Walden*, desde que ela ficasse em Lowell. Mas, até chegar perto dessa realização, muita quilometragem o aguardava. O flautista a conduzi-lo na grande aventura não era exatamente o Flautista de Hamelin, mas um *rapper*. Como vimos no capítulo anterior, graças a Hal Chase, amigo de ambos, Neal Cassady fora posto em seu caminho. Agora era ir. E Kerouac foi. Com tudo.

A impressão que se tinha é que um era o *alter ego* do outro. Em origem, aparência, interesses e sexualidade, foram feitos um para o outro. Enquanto crescera em Lowell, Kerouac tivera de se dividir em duas turmas, a do esporte e a intelectual. Aborrecia-o muito sua vida ter essa divisão. Agora, com Neal, juntavam-se as duas coisas em uma só. O físico e a esperteza da rua com filosofia e literatura. Neal podia mergulhar no rio, roubar um carro e ir para casa ler Shakespeare, tudo no mesmo dia. Décadas depois, há muito divorciada de Cassady, Luanne contará aos biógrafos: "Eles se invejavam por seus opostos; Jack era tudo o que Neal gostaria de ter sido. Jack fez o *college*, vinha de uma família estável e escrevia um livro – enquanto Neal era praticamente um órfão que mal tivera chance de ir à escola. Do outro lado, Jack invejava em Neal a energia, seu poder sobre as pessoas, seu charme espontâneo e, principalmente, sua total liberdade. Para Neal, não havia limites. Neal e Jack se juntaram e eram como dois irmãos".

Neal ficou em Nova York até março de 1947. Primeiro mandou Luanne trabalhar numa padaria para ajudar na despesa e, mais tarde, ele mesmo arranjou um emprego de manobrista num estacionamento. Luanne – que depois se arrependerá da decisão tomada precipitadamente –, não agüentando Nova York, mentiu para Neal que a polícia estivera atrás dele, no apartamento, e que ali ela não ficava, e voltou sozinha para Denver.

"Até hoje, não sei por que fiz aquilo. Eu adorava Neal, e ele me amava. É claro que ele saía com outras mulheres o tempo todo, mas até isso eu aceitava. Eu sabia como ele era."

Outros biógrafos contam que o que acontecia era o seguinte: Allen Ginsberg, ainda em busca de uma identidade homossexual, apaixonara-se loucamente por Neal Cassady. Neal passava dois dias da semana com Ginsberg, aprendendo tudo sobre literatura e como escrever, e, em troca, fazia sexo com ele. Outros dois dias da semana, Neal passava com Kerouac, trocando idéias sobre livros e escrita, e saindo para as baladas. E também passava dois dias com a jovem esposa, fazendo amor e brigando. No sétimo dia, durante essa fase em Nova York, nenhum biógrafo conta o que Neal fazia – mas não é difícil imaginar. Enfim, inquieto que só ele, logo se encheu de Nova York e tomou um ônibus Greyhound de volta a Denver. No meio do caminho, escreveu uma longa carta a Kerouac, expressando o valor que dava à amizade entre eles e detalhando duas trepa-

Neal Cassady e Jack Kerouac.

das gloriosas em plena viagem, no ônibus. A primeira com uma "Vênus de Milo" que, no banco traseiro, agarrada a ele, gemia de prazer jurando amor eterno, mas que, infelizmente, nessa viagem, estava acompanhada da irmã, que não desgrudava e cortava o barato, e depois, quando as duas baldearam numa parada e o ônibus seguiu viagem, Neal seduziu uma virgem que de bom grado entregou-lhe a virgindade.

A carta de Neal Cassady foi uma revelação para Kerouac, sugerindo-lhe um estilo de prosa livre e verdadeira, sem as formalidades impostas pelos estilos de Jack London e Thomas Wolfe. E, no verão de 1947, ainda escrevendo *The Town and the City*, Jack se viu sozinho em Nova York. A maioria dos amigos tinha viajado. Hal Chase tinha ido para o Colorado, Burroughs e a mulher, para o Texas, plantar maconha, e Ginsberg, que continuava maluco por Neal Cassady, fora atrás dele em Denver, onde arranjou emprego de balconista em uma loja para se sustentar e ficar perto do ser amado. Quanto a Neal, estava de novo com Luanne, mas também se encontrando com Carolyn, uma estudante de belas artes e teatro que acabara de conhecer, por quem se apaixonara e com quem se casará quando se divorciar de Luanne.

Sozinho em Nova York, Jack Kerouac sentia-se um peixe fora d'água. Tratou de espalhar mapas e livros de viagem pelo chão do quarto e começou a estudar a geografia e a história da sua América. Sempre sonhara viajar para o Oeste. Os nomes dos rios, das cidades, dos estados excitavam sua imaginação. Decidiu pegar a estrada e ir de carona até Denver, para encontrar Neal. Foi uma viagem atribulada, em que uma tempestade o fez retornar a Nova York para recomeçar, de ônibus, até Illinois, parando em Chicago. De Chicago, foi pegando carona pela Rota 6, maravilhando-se com a paisagem que tanto amara em filmes e livros, o Mississippi de Mark Twain, vales e planícies do Nebraska até os picos nevados do Colorado. E o encontro com gente de verdade, cowboys, donas-de-casa, fazendeiros, caminhoneiros e andarilhos. Jack anotava tudo no bloco que sempre trazia no bolso. Material que um dia seria a substância de sua arte. Até que finalmente chegou a Denver. Primeiro foi hóspede da família de Hal Chase, depois se mudou para o apartamento de um colega de Columbia. Levou dez dias para localizar Allen Ginsberg. Allen o conduziu até Neal, que continuava vivendo com Luanne, mas visitando Carolyn quase todas as noites. Luanne não sabia disso. Neal também passava muito tempo com Ginsberg. Jack ficou decepcionado com Neal por ele não lhe dedicar tanto tempo quanto esperava. Mesmo assim, Neal o apresentou a alguns conhecidos e o levou para conhecer a boca-do-lixo onde crescera. Também contou para Jack que Carolyn estava pensando em se mudar para a Califórnia e que, depois, iria para lá encontrá-la. E que, antes, ele iria, com Ginsberg, visitar Burroughs no Texas. Kerouac se encheu de Denver e foi de ônibus para a Califórnia, encontrar em São Francisco Henri Cru, que fora seu colega de *college*. A idéia era embarcar em cargueiros pelos mares do mundo – idéia que não se materializaria.

Era a primeira vez que Kerouac punha os pés na Califórnia.

Cru estava empregado como segurança em Sausalito e arranjou o mesmo serviço para Jack, que ficou morando com o amigo e a companheira numa barraca. Em outubro, saiu novamente caroneando e conheceu uma mexicana, com a qual teve um caso. Foi uma ligação apenas sexual; depois de duas semanas e meia de amor, enquanto trabalhavam juntos em uma colheita de algodão, eles se separaram. Jack pegou carona até Los Angeles, e dali para Pittsburg, onde seu dinheiro acabou. De Pittsburg, foi de carona até a casa da mãe – que agora morava em Nova Jersey e trabalhava numa fábrica de calçados. Em casa, retomou *The Town and the City,* que já estava virando um romance épico, tendo-lhe tomado dois anos e meio. Pelas cartas, todos os amigos literatos estavam tentando se livrar do formalismo e descobrir uma escrita de comunicação mais direta, sem literatice. Ginsberg escreve contando que, lendo William Blake, tivera uma revelação, como se o poeta do século XVIII lhe ditasse as palavras. Muitos dos amigos acreditavam que Ginsberg estava tendo um surto psicótico, mas Jack entendeu o amigo. Ele mesmo nunca deixara de crer em Deus.

Sem trabalho, mas esperançoso quanto à publicação de *The Town and the City*, Jack se iludia achando que receberia um grande adiantamento da editora, podendo comprar um rancho na Califórnia, onde criaria gado, cercado pela família e amigos. Sonho que nunca se realizaria. Basicamente um emotivo, sua vida era feita de inconsistências, conflitos e fantasias. Enquanto o sonho era um rancho na Califórnia, a realidade era continuar morando na casa da mãe e dela depender. A mãe trabalhava como operária para sustentar o filho, essa é que era a verdade. Jack estava com 26 anos e desempregado.

Mais tarde, Burroughs dirá que o problema do amigo era não conseguir romper o cordão umbilical. Carolyn Cassady achava que isso não era o verdadeiro problema; que, enquanto Jack estava com a mãe, conseguia ser totalmente ele mesmo. E que a mãe o amava, o entendia e cuidava dele. Entretanto, quando Burroughs e Ginsberg voltaram para Nova York, Jack encontrou motivação para voltar a circular. Juntos, iam a museus, galerias e clubes de jazz, e freqüentavam festas do circuito das artes, onde conheceram o poeta W.H. Auden e pintores como Pollock e Rivers. E foi numa dessas festas que Kerouac trombou com John Clellon Holmes, aspirante a romancista que se tornaria um importante cronista da cultura beat. Quatro anos depois, Holmes levará o espírito beat à consciência pública com o artigo publicado no jornal *The New York Times*, intitulado "Esta é a Geração Beat". Mas, a bem da verdade, fora Jack o primeiro a imprimir a palavra como tal, em seu livro *The Town and the City*, usando o significado do termo conforme aprendera com Herbert Huncke. Para Jack, ser beat era estar de posse de um conhecimento secreto. Como o *punk* quase trinta anos depois, ser beat era desfazer-se de todo o artifício e voltar ao básico. Era ser autodidata como Neal Cassady e fazer você mesmo a sua coisa. Era aquilo que Oswald Spengler falara sobre o declínio da civilização ocidental, que produziria o que chamou de "Segunda Religiosidade". Ao contrário do *punk*, que será anti-religião, o beat, mesmo com sua teologia reversa, falava muito do sagrado, do divino, do profano, de novos santos, anjos, profecias, visões, iluminações, etc., juntando, mais tarde, fontes budistas com muito "dharma", "satori" e "nirvana" no caldeirão.

Jack começou a trabalhar em dois novos livros. O primeiro, *Doctor Sax*, era uma reflexão sobre os mitos de sua infância, e o outro, um romance que teria Neal Cassady como personagem central (e que acabará resultando em *On the Road*).

Em outubro de 1948, Jack se inscreveu em um curso de literatura, mito e escrita criativa. Enquanto isso, Neal, com emprego na ferrovia Southern Pacific, já estava casado com Carolyn – ela grávida – e vivendo em um pequeno apartamento em São Francisco. Mas, longe de pendurar as chuteiras, comprara um carro novo, um Hudson, e, tendo por companhia um amigo e a mulher dele, foram buscar Kerouac para trazê-lo de volta à Califórnia. Em casa, Carolyn confiava totalmente no marido. Achava que Neal criara juízo e estava mais responsável, com o prospecto de uma filha para criar e tudo. Mas Neal resolveu dar uma parada em Denver, onde reencontrou Luanne. A ex-mulher estava para se casar novamente, agora com um marinheiro. Neal bateu na porta de Luanne às 3 da madrugada e ela nem teve tempo de pensar, enquanto era empurrada para dentro do carro, juntando-se ao trio, para ir atrás de Kerouac.

Jack estava com a mãe, passando uma temporada na Carolina do Norte, na casa da irmã casada, quando o Hudson estacionou na porta com Neal, Luanne e Al Hinkle (a mulher de

Hinkle, no meio do caminho, desistiu da viagem, com medo de Neal na direção). Jack ficou felicíssimo com a visita surpresa, e seu cunhado convidou o trio para entrar, tomar banho e participar do peru de natal com a família.

A mãe de Kerouac tinha uns móveis que queria levar de volta para Nova Jersey, e Neal se ofereceu para transportá-los. Depois do Natal, dona Gabrielle também precisava voltar ao trabalho na fábrica de calçados, e Neal também se prontificou a ir buscá-la. Entre ir e voltar, foram 2.000 milhas em três dias.

Nova York foi uma festa com reencontros e mais de 100 pessoas no apartamento de John Clellon Holmes. No dia 19 de janeiro, Jack, Neal, Luanne e Hinkle pegaram a estrada para a Califórnia. Kerouac queria captar mais de Neal para o livro, e também se sentia atraído por Luanne. O rádio do carro tocava

O Hudson 1949, novinho em folha, de Neal Cassady

jazz no último volume. Neal dirigia feito bala. Desviaram da rota para visitar Burroughs e Joan, que agora viviam do outro lado do Mississippi, na Louisiana. Deram um tempo com o casal, deixaram Hinkle para trás (ele foi ao encontro da mulher) e seguiram para a Califórnia. Sem dinheiro, mendigaram, deram carona em troca de rango, e Kerouac vendeu o relógio para encher o tanque do carro.

O que Jack e os amigos fizeram nessa temporada é digno de apreço e está minuciosamente narrado em todas as biografias sobre ele. Entraria aqui nos detalhes, mas este livro não deve ter mais de 100 mil toques e já passei disso sem ter chegado sequer à metade. Ainda faltam 20 anos de história antes que Jack Kerouac morra. De modo que é melhor ir pelo atalho. Mas, a toque de análise do biografado, vale lembrar uma observação de Luanne. A moça contou que, num quarto de hotel, em São Francisco, ela e Jack passaram dois dias fazendo sexo e conversando. Disse que realmente amava Kerouac. "Mas ali, naquele quarto, estávamos ambos perdidos. Ele era amoroso, sim, mas não queria se prender a ninguém. Honestamente, ele não estava interessado em sexo. Parecia uma pessoa sensual, agia como se fosse sensual, era adorável, mas no fundo não era nada sensual. Estava mais interessado em observar, e jamais em participar. Lembro-me de uma vez, em Nova York, quando Neal e eu éramos casados, tivemos uma discussão violenta, que fez subir o tesão, e acabamos fazendo sexo no assoalho. Aquilo excitou Jack. Acredito que, entre fazer e assistir, Jack escolhia assistir. No fundo, era um *voyeur*. Mas, curiosamente, ele não se masturbava enquanto assistia."

Novamente sozinho, de ônibus, para cima e para baixo, Jack passou pelo Estado de Washington, por Idaho, Montana e Michigan, conhecendo outras partes dos Estados Unidos. Seis semanas depois de sua volta a Nova York, teve notícia de que The Town and the City fora aceito pela Harcourt Brace e que ele receberia um adiantamento de US$ 1.000, quantia a ser paga em parcelas mensais. Contente, voltou a Denver, mas sentiu que tudo mudara. Os amigos haviam sumido, e ele ficou vagando pelo bairro negro, desejando ser, ele mesmo, um negro, pois só os negros pareciam felizes. Cansado da solidão, foi juntar-se aos Cassadys em São Francisco. Neal e Jack deixavam Carolyn em casa, tomando conta da filha Cathleen, ainda bebê, e saíam para noitadas de jazz e folia. Dias depois, largaram Carolyn sozinha com a filha e, de novo, pegavam a estrada. Pra cima e pra baixo, foram parar em Michigan, na casa de Edie, ex-mulher de Kerouac. Edie ficou feliz com o reencontro e arranjou para que Jack e Neal se hospedassem na casa de uns amigos, gente muito rica. Era uma mansão com muitos quartos, piano de cauda no salão, criadagem, roupa lavada e passada, jantares à luz de vela, bebida importada, um luxo. Kerouac aproveitou e se divertiu muito no piano. Teve até festa no porão, com um trio de jazz que eles cataram na rua, muita bebida e tudo aquilo que eles achavam que tinham direito. Ficaram uma semana, e Edie e Jack chegaram a flertar com a idéia de uma reconciliação. Mas não passou disso. Antes da despedida, Edie e Jack fizeram planos para legalizar o divórcio. Jack e Neal seguiram viagem. Era quase outono de 1949 quando chegaram a Queens, onde agora morava a mãe de Kerouac. Mémère permitiu que Neal ficasse alguns dias e só. Também não gostou dele. Achou-o melhor que "aquele Ginsberg", mas nem por isso era companhia para o filho. Jack e Neal saíam pelas ruas felizes, tagarelando, jurando amizade eterna e mil aventuras.

The Town and the City foi lançado no começo de março de 1950. Foi comentado no *The New York Times* e em alguns poucos jornais, onde Jack tinha amigos resenhistas. Festas, coquetéis e noites de autógrafo não faltaram. Em Nova York, Lowell, Denver, amigos reunidos, elogios de todos, tudo fazendo com que Jack Kerouac se sentisse finalmente um autor publicado. Mas o livro não vendeu como ele esperava, e logo estava na seção de encalhes das livrarias, por um quinto do preço de capa. Morria rapidamente o sonho de ser um escritor *best seller*, com fazenda na Califórnia e tudo. Kerouac completara 28 anos. Sete anos iriam se passar até que um segundo livro fosse publicado. Mas eis que ressurge Neal Cassady, num Sedan 1937 caindo aos pedaços. Neal fez a cabeça de Jack e, juntos, saíram novamente estrada afora. Dessa vez, irão parar no México. Era a primeira vez que Neal cruzava a fronteira.

CAPÍTULO 5

A ESTRADA DA VIDA E SUAS CURVAS PERIGOSAS

Neal Cassady estava metido em outro rolo amoroso. Acreditava que na capital mexicana pudesse conseguir rapidamente o divórcio de Carolyn, para se casar com Diana Hansen, uma modelo que conhecera em Nova York e que estava no quarto mês de gravidez de um filho dele. Então, no velho Sedan 1937, tomaram o rumo do México, Frank Jeffries (amigo de Neal), Kerouac e Neal na direção. Deixaram Denver no começo de junho de 1950. Jack, que já estivera na Groenlândia e na Inglaterra, pisaria pela primeira vez um solo cuja língua não era o inglês (nem o francês canadense de sua origem). A vida se desenrolava gongoricamente, como uma interminável sentença proustiana. Era pelo menos como os três se expressavam no *rapping* da viagem, enquanto os pneus queimavam chão, fosse no asfalto ou em estradas poeirentas de terra batida. Na sinistra Laredo, cruzaram a fronteira pela ponte do Rio Grande. Tudo era novidade e se encantaram com o povo, a maconha, a tequila e as putas de três dólares, dançando mambo na zona, em Ciudad Victoria. Ali, sim, imperava o espírito beat, no sentido de beatitude, como Kerouac via a coisa. Era só paz. Os mexicanos não estavam nem aí com a vida. Além disso, eram todos católicos como Kerouac e o próprio Neal. Neal até se lembrava que na infância fora coroinha. Na Cidade do México, encontraram Burroughs e Joan Vollmer, que cuidaram de Jack, que chegara extenuado e com caganeira. Burroughs, nessa fase, estava estudando Arqueologia na universidade. Jeffries matriculou-se num curso de arte dramática na mesma universidade. Neal, apressado com o divórcio, viu o que precisava e voltou para a Califórnia, enquanto Kerouac passava o tempo drogado, lendo a *Bíblia* e orando para ter uma revelação que o fizesse descobrir uma nova pólvora. Ele queria uma técnica que viesse do âmago e que, uma vez posta em papel, pudesse se comunicar com a alma universal. Ele queria algo que fosse ao mesmo tempo precioso e *trashy*. Em suma, queria a verdade verdadeira.

Em julho, sentiu que era tempo de retornar a Nova York. A América, nem bem recuperada (vencedora) da Segunda Guerra Mundial, já estava pegando no pé da Coréia. Em Nova York, Jack tirou três semanas de folga e viajou com John Clellon Holmes e Lucien Carr (já livre da cadeia) para Cape Cod. De volta a Manhattan, conheceu uma bela garota *dark* que perdera o amante decapitado no metrô, mas continuava vivendo no *loft* que ambos dividiam antes do ocorrido, na Rua 21. Kerouac foi morar com ela e, duas semanas depois, estavam casados de papel passado. Joan Haverty, na cabeça de Jack, parecia a moça certa para cuidar da mãe dele na velhice. Ele ainda sonhava em constituir uma família certinha, convencional. E depois, no outono de 1950, com o fracasso de seu primeiro livro, a solidão era muita, os amigos todos estavam fora da cidade, menos Lucien Carr, que continuava o mais *cool*.

Em janeiro de 1951, quando sua mãe foi passear na casa da filha, na Carolina do Norte (Mémère já era avó – ficara ao lado de Nin no parto, uma cesariana complicada; o neto Paul Blake Junior estava com 1 ano e pouco), Jack e Joan mudaram-se para um apartamento na Rua 20, onde, durante alguns meses, viveram a vida convencional de recém-casados. Ele estava com 29 anos. Arrumou emprego de meio-período como roteirista da Fox e Joan era garçonete no Stouffers. De noite, em casa, concentrava-se no novo livro, enquanto ela costurava para os dois. Em março, John Clellon Holmes deu o manuscrito de *Go* para Jack ler – será o primeiro romance publicado sobre a Geração Beat e seu *modus vivendi*. *Go* era bem-escrito, embora formal. Jack sentiu uma certa inveja. De resto, o livro de Holmes o encorajava a continuar o seu próprio. Por outro lado, influenciado pelas longas cartas em fluxo livre escritas por Neal – tudo era escrito do jeito que se falava –, Jack sentiu cair a ficha e mudou tudo. Já vinha escrevendo outras versões de *On the Road*, mas sentia faltar em todas elas uma identidade própria. De modo que resolveu recomeçar tu-

A ESTRADA DA VIDA E SUAS CURVAS PERIGOSAS

No alto, à esquerda, Edith "Edie" Parker, primeira mulher de Jack Kerouac – no apartamento dela começou o movimento Beat; à direita, Luanne Henderson, a "Marylou" de *On the Road*, primeira esposa de Neal Cassady. Embaixo, à esquerda, Joan Haverty, segunda esposa de Kerouac. À direita, Carolyn Cassady, segunda esposa de Neal Cassady.

do do zero. Irritava Jack toda hora ter de trocar de página na máquina de escrever. Essa troca, a cada 30 linhas, cortava-lhe o fluxo. Teve uma iluminação e foi ajudado por Lucien Carr, que agora trabalhava na United Press, como editor. Lucien, a pedido de Jack, levou para ele um rolo de telex. E Jack escreveu durante três semanas com o rolo de papel na máquina. Em vez de inventar personagens, usava os nomes reais de pessoas e lugares, contando as suas cinco grandes viagens fora de Nova York desde que conhecera Neal Cassady, encerrando a narrativa com a recente viagem ao México. Era a história de dois jovens cruzando o país, mas, mais que um livro de viagens, tratava-se de uma busca séria de algo em que pudesse crer, algo por que valesse a pena viver. Apesar de todas as diversões pelo caminho, a verdadeira viagem era interior.

Assim que terminou *On the Road* no rolo de telex, Jack deu fim também a seu curtíssimo casamento com Joan Haverty. Um dia, chegou em casa e flagrou a esposa nos braços de um colega de trabalho dela. Separaram-se. Em junho, ela o procurou para dizer que estava grávida. Jack, que duvidava que fosse o pai, insistiu para que abortasse. Ela recusou. Jack foi viver no apartamento de Lucien Carr e depois foi atrás da mãe, na Carolina do Norte. Aconselhado por Ginsberg, aproveitou para revisar *On the Road*, que estava muito verborrágico, precisando de cortes e edição.

Durante anos, a lenda dirá que, depois de o livro ter sido recusado por Robert Giroux (da Harcourt Brace, a mesma editora que publicara *The Town and the City*) –, quando Jack jogou o rolo de telex em sua mesa e Giroux disse que só publicaria o livro depois de cuidadosamente revisado e trabalhado –, Kerouac não mexeu em uma vírgula (isto é, quando havia vírgula), mas a verdade é que até sua publicação, em 1957, o livro passará por várias versões, leituras e revisões, até chegar ao *On the Road* conforme conhecemos.

Em setembro, Jack recebeu a notícia de que Neal e Carolyn (para quem Neal tinha voltado) eram pais de um menino que, em homenagem a ele e a Ginsberg, recebera o nome de John Allen Cassady, cujas iniciais davam JAC. Jack não coube em si de felicidade. Mas a notícia mais chocante da temporada foi a morte de Joan Vollmer por William Burroughs, no México. Bêbados e brincando de Guilherme Tell, Burroughs, com uma pistola, tentou acertar uma taça de vinho na cabeça de sua mulher. Errou o alvo. Joan foi enterrada na Cidade do México, e Burroughs ficou preso na cadeia de Lacumbera até que se conseguisse levantar a quantia de mais de US$ 2.000 de fiança. Joan Vollmer Adams Burroughs, quando se juntou a Burroughs, já tinha uma filha, Julie, do matrimônio anterior. De seu casamento com Burroughs, tiveram um filho que recebeu o nome de William Burroughs III, nascido em 1947 (e morto em 1981, por overdose e álcool). Quando Joan foi morta no grotesco acidente, a filha foi para a casa de familiares da mãe, e o filho WB III para a casa dos pais de Burroughs, em St. Louis, no Missouri. Depois de solto, Burroughs continuou na Cidade do México, cheio de remorso, morando sozinho e recebendo visitas dos amigos em trânsito.

Enquanto isso, desponta um novo personagem na cena. É o poeta Gregory Corso. Nascido no tradicional bairro boêmio de Greenwich Village, criado nas ruas, várias vezes preso por pequenos atos criminosos, Corso nunca conheceu a mãe, foi criado em orfanatos e caiu na vida aos 12 anos. Aos 21, já tinha sido preso quatro vezes, uma das vezes condenado a três anos. Na prisão, lendo Shelley, descobriu sua vocação para poeta. Será outra grande figura na proa da arca beat.

CAPÍTULO 6

FLASHES DA REVOLUÇÃO BEAT

Já eram tantos os personagens, e a cena tomando tal vulto que, daqui para a frente, a descrição dos eventos será em *vapt-vupts* ainda mais telegráficos. *Flashes* em *fast forward*.

Neal tentava persuadir Jack a viver com ele, mais Carolyn e as crianças, em São Francisco. Jack, que se deixava convencer com a maior facilidade, foi. E foi muito feliz na casa. Neal andava menos agitado e a casa ficava em uma rua tranqüila, a dois passos da avenida principal e a uma caminhada razoável até North Beach, que era o centro da vanguarda intelectual, artística e boêmia de *Frisco*. Na casa dos Cassadys, Jack tinha seu quarto e seu canto para escrever. Sentia-se num verdadeiro lar. Carolyn era uma mãezona. Nessa fase, a primeira temporada longa com os Cassadys, não aconteceu nada, embora houvesse uma certa atmosfera entre Carolyn e ele. Mas Jack tinha por princípio não fazer sexo com mulher de amigo. Sua religião não permitia e, nesse ponto, era ultracatólico. Mas na segunda temporada a coisa rolou. Carolyn, ela mesma, contará o *affair* com detalhes em uma entrevista à revista *Rolling Stone*, nos anos 80, quando Neal e Jack já estavam mortos fazia tempo e o interesse pela cultura beat voltara em *big boom*. Carolyn contou à *RS* que Neal andava meio frio com ela, e ela decidiu seduzir Jack. Um jantar à luz de velas, pizza de anchovas (Jack lambia os beiços), uma salada incrementada e sobremesa divina. E o vinho. Jack não resistiu. Fizeram amor na sala, no sofá liso de couro preto. As crianças dormiam. Jack e Carolyn tornaram-se amantes (mas não de fazer sexo todo dia, nem toda hora, só de vez em quando – Jack estava mais voltado para si mesmo e sua escrita). Eles transavam enquanto Neal trabalhava fora como ferroviário. Embora nenhum dos três comentasse, Neal acabou percebendo. Ficou chateado, mas aceitou. Afinal, era típico dele oferecer suas mulheres aos amigos.

Ainda assim, Neal passou a ficar mais tempo em casa, controlando os amantes. Carolyn adorou. Era isso o que ela queria, os três em casa, lendo Proust um para o outro e aproveitando uma vida de cultura e domesticidade (Carolyn no tricô, as crianças no tapete).

Foi nessa época que Jack e Neal foram aplicados de *peyote* pelo poeta Philip Lamantia. Foi a primeira experiência psicodélica dos dois. Carolyn preferiu ficar fora. Lamantia era católico como Jack e Neal, e para ele droga era coisa séria, uma experiência sagrada.

Kerouac dramatizava consigo mesmo não ter conseguido pôr em *On the Road* o que ele acreditava ser a essência de Neal Cassady. Começou a escrever outro livro, *Visions of Cody*. Nesse livro, o pseudônimo de Neal Cassady não é Dean Moriarty, mas Cody Pomeray. Estudiosos de Jack Kerouac garantem que o verdadeiro *On the Road* é *Visions of Cody*. Ginsberg foi um dos muitos a considerar esse o melhor trabalho de Kerouac.

Voltando a 1952, Jack resolveu ir para o México ficar sossegado, escrevendo. Neal, Carolyn e as crianças foram levá-lo de carro até a fronteira. No México, fez a viagem sozinho, de ônibus. Conheceu um grupo de mexicanos do qual ficou amigo. Fumaram maconha e ópio na parada em Culiacan e, no barato, Jack lembrou que sua tetravó canadense fora uma índia como eles. Uma índia que se casara com o barão francês seu antepassado. Como os chicanos, Kerouac sentia que também tinha um pé na cozinha. Adorou a constatação. Um dia, os índios e os pobres herdariam a terra. Ficou emocionado. Outra coisa que fez Jack se sentir em casa com os mexicanos foi a constatação de que eram todos católicos. E entraram todos em uma igreja para fazerem três pedidos e se refrescarem do calor inclemente. E seguiu a viagem de ônibus com um deles, Enrique, rumo a Mazatlan, no Pacífico. Mas a amizade com o mexicanito terminou com o fim da viagem, ao chegarem à Cidade do México. É que, ao encontrar William Burroughs, este advertiu Kerouac a não se meter com os mexicanos, que eles podiam ser traiçoeiros e perigosos. Burroughs, no México, só se misturava com americanos. Era um velho lado preconceituoso dele: os do terceiro mundo só serviam para arranjar drogas e para enrabá-lo, pederasta inveterado que era. Mesmo porque, nessas transas, muitas vezes fora roubado. Nesses dias, Burroughs ainda estava para ter seu *Junky* publicado. Recebera US$ 1.000 de adiantamento, o que lhe permitia ter uma vida folgada na barata *Ciudad*. Burroughs tentava escrever seu segundo romance, *Queer*, sobre uma paixão homossexual. Ele dizia que era uma jogada de mercado para fisgar os veados da crítica literária. Eles, fisgados, fariam de Burroughs um autor mais badalado. Nessa época, picava-se de heroína, fácil de encontrar na capital mexicana. Kerouac admirava profundamente o amigo, mesmo Burroughs o trazendo em rédeas curtas. Jack, que fumava muita maconha para escrever, tinha de fazê-lo fechado no banheiro, por causa do cheiro. Burroughs tinha medo de a polícia aparecer a qualquer momento. Kerouac não ligava. Sentado no vaso sanitário, passava horas concentrado, escrevendo *Doctor Sax*. O personagem era um misto de Burroughs com *O Sombra* de sua adolescência.

Passada mais essa fase mexicana, Jack foi embora, visitar a irmã e a família na Carolina do Norte. De lá, foi para Nova York. Ao chegar, ficou deprimido quando o editor disse que a revisão que fizera em *On the Road* era insatisfatória. Ginsberg, que concordava com o editor, aconselhou Jack a limar certas passagens cujas referências eram muito pessoais, sem interesse para o leitor comum. Sem contar que os advogados da ex-mulher (Joan Haverty) estavam atrás dele, reclamando o sustento da filha (Jan, que Jack só irá conhecer quando a menina estiver com 10 anos).

Jack tratou de fugir para a Califórnia. Foi ao encontro dos Cassadys, que tinham se mudado para San José. Neal arranjou para ele um emprego de ferroviário que Jack odiou, mas topou pelo dinheiro. Passava a maior parte do tempo com vagabundos, sob a sombra de alguma árvore à beira da via férrea. Teve uma discussão com Neal, deixou a casa dos Cassadys e foi morar num hotel de quinta. Carolyn foi visitá-lo e contou anos depois, a um repórter, que o lugar era uma espelunca deprimente, fedia a urina, e o *lobby* era cheio de bêbados terminais. No diário dessa época, Jack escreveu que vivia numa dieta de pizza, cachorro-quente e sorvete. Bebia coca-cola ou vinho. Sexo e drogas. Já consumia heroína. Não nos canos, mas no cafungo. Nomes de guerra de algumas das putas que apanhava: La Negra, Lorena, Pirilena, Juanita... amarrado que era nas crioulas e *chicanas*.

E foi para o México outra vez. Neal levou-o de carro até a capital. Burroughs ainda estava metido no processo da morte da esposa. Uma vez por semana tinha de comparecer na polícia. Com medo de voltar a ser encarcerado, Burroughs fugiu para os Estados Unidos. Jack ficou só e sentiu que, se passasse o Natal sozinho na capital mexicana, morreria de depressão. Foi para a casa da mãe, agora morando em Queens, Nova York. A mãe, coitada, continuava trabalhando fora para se sustentar e, a bem da verdade, sustentar o filho, que não criava juízo. Jack passou o Natal assistindo a televisão, bebendo cerveja e lendo Jean Genêt no original. E começou a escrever outro romance, desta feita baseado no seu caso de amor adolescente com Mary Carney.

Mas como estará a cena beat em 1952, em termos de publicação de livros? Bem, *On the Road* só será publicado em 1957, e *Visions of Cody*, em 1960. Embora, dos autores beat, Jack Kerouac tenha sido o primeiro a ter um livro publicado – *The Town and the City*, em 1950 –, esse romance não entra no rol da literatura beat, por sua técnica antiquada – ainda que seja essencialmente autobiográfico, narrando a vida de Jack desde Lowell a Nova York, com pitadas de sexo, drogas e jazz, e tendo entre os personagens amigos beats. Mas a história decidiu que o primeiro livro sobre a *Beat Generation* considerado como tal é *Go*, de John Clellon Holmes, publicado em 1952. Por esse livro, Clellon Holmes recebeu da editora US$ 20 mil de adiantamento. Holmes, que não era exatamente um beat, mas freqüentava o grupo em seus *habitats*, como simpatizante decente, ganhara deles confiança. Com nomes mudados, os personagens do livro de Holmes são Kerouac, Ginsberg, Neal Cassady, Herbert Huncke, o próprio autor e até dona Gabrielle, a mãe de Kerouac. Da crítica aos próprios beats, o livro foi bem-considerado. Mas a verdade é que *Go* é mais um trabalho de observador informado que o de participante apaixonado. De qualquer modo, está verbetado como o primeiro livro sobre a Beat Generation.

Com o livro aclamado por todas as facções, Clellon Holmes

foi convidado pelo editor literário do *The New York Times* a escrever um ensaio sobre os beats. Com o título "This Is the Beat Generation" (16 de novembro de 1952), o ensaio repercutiu internacionalmente e ajudou a fazer a cena eclodir de vez.

Kerouac sentiu-se como que picado pelos ácaros da injustiça. *On the Road* é que merecia essa festa toda. Mas os anjos preparavam-lhe o melhor caminho. Malcolm Cowley, conselheiro editorial da editora Viking, leu e gostou do manuscrito, achando que o livro, mexendo aqui e ali, era publicável. Era o sujeito certo para cuidar do destino da obra. Cowley era de outra geração, mas tinha *pedigree* de Harvard, especializado na *Lost Generation* – a *Geração Perdida* –, movimento que nos anos 20 e 30 revolucionara a literatura americana. Privara com Scott Fitzgerald, Hemingway e também com William Faulkner e John Steinbeck. Cowley sentiu que vinha coisa nova por ali e que o livro de Kerouac seria a grande bandeira dessa coisa. Mesmo que demorasse um pouco. Até lá, Kerouac irá preparando outros textos. Não perdia a fé.

O segundo livro beat publicado foi *Junky*, em 1953 – edição *pulp*, William Burroughs ainda assinando como William Lee. Em 1956 será a vez de *Howl*, o longo poema de Allen Ginsberg dedicado a Carl Salomon e prefaciado por William Carlos Williams. *Howl* causará escândalo, será processado por obscenidade e venderá centena de milhares de exemplares. Quanto a Kerouac, terá de aguardar mais um ano até a primeira edição de *On the Road*. E, em 1958, mais combustível na fogueira: foi a vez de Gregory Corso, com *Gasoline*. Mas aí o incêndio beat já tinha se alastrado.

Voltando a 1953, depois de dar um tempo na casa da mãe, Jack sentiu que a Califórnia novamente o chamava. E, mais que tudo, o desejo de sair pelo mar afora. Conseguiu emprego de garçom no restaurante de um navio que ia para a Coréia. Mas, depois de atravessado o Canal do Panamá, o capitão o despediu em Nova Orleans por bebedeira e envolvimento com putas no cais, quando deveria estar no navio prestando serviço. De qualquer modo, valeu o percurso e, de Nova Orleans, Kerouac tomou o rumo da casa da mãe e do manuscrito de *On the Road*. No verão, circulou muito em Greenwich Village, onde a cena crescia e tudo era muito excitante. Conheceu Alena, uma garota de tez café-com-leite que trabalhava numa editora alternativa. Nascida e criada em Nova York, Alena transitava entre a jovem boemia. Ela e Jack viveram quatro semanas de amor. Dois meses depois, em três noites (usando benzedrina como combustível), Jack escreveu *The Subterraneans*, contando o caso com Alena e a cena beat no Village. Deu o manuscrito para ela ler. Alena sentiu-se tão ultrajada que Jack teve de reescrever o livro, trocando o cenário do Village nova-iorquino para São Francisco e mudando a linhagem de Mardou (a garota inspirada em Alena) de mulata para índia. Foi durante o período de seu caso com Alena e dos acontecimentos desse livro que Kerouac foi para a cama com Gore Vidal, no Hotel Chelsea.

Em *Os Subterrâneos*, Kerouac recoloca em cena, como

personagens e com nomes fictícios, além de Gore Vidal, seus amigos Ginsberg, Burroughs, Gregory Corso, Lawrence Ferlinghetti e Clellon Holmes. E publicou num fanzine uma lista do que achava essencial na literatura. Entre outras coisas, dizia: "a morte da literatura vem da subserviência a regras, seleção, pontuação e revisão".

Em *Os Subterrâneos*, as sentenças são mais longas e é mínima a pontuação. Anos depois, com o livro publicado, Jack sentir-se-á orgulhoso de os editores não terem mexido em nada. Roberto Piva me chamou a atenção de que em *Os Subterrâneos*, nas páginas 65 e 66, Kerouac comenta *A Função do Orgasmo*, livro de Wilhelm Reich, e chega à conclusão de que "a única coisa importante é o amor" e que "é impossível ser saudável sem orgasmo".

CAPÍTULO 7

AS TRILHAS DO EXCESSO NÃO TÊM FIM

O fluxo, o *feeling*: Kerouac se ligava na técnica do músico de jazz, que pega uma frase musical que vai em frente sem saber aonde chegará. Escrever espontaneamente, para ele, não era exatamente escrever bem, mas transmitir uma confissão honesta. Desejava que o subconsciente se desinibisse e derrubasse as táticas da mente racional. Sua jornada como artista e pensador seguia nessa direção, e ao jazz seria atribuída grande responsabilidade pela sua libertação nessa trilha. Algo que tinha a ver com o jeito de Charlie Parker improvisar, de Yeats escrever sob transe e de Jackson Pollock fazer sua *action painting*. Jack leu a vida de Buda e instantaneamente interessou-se pelo assunto, chegando à conclusão de que só seria feliz levando uma vida desprendida. No budismo teve a confirmação de algo que ele já intuía, de que o certo é viver para o momento, estar relaxado, aberto, leve, livre da tensão de qualquer expectativa.

Desconfia-se que o interesse de Jack pelo budismo tenha sido influência de Ginsberg, cuja imersão na arte, literatura e religião orientais era coisa recente. Mas talvez a coisa viesse de longe, o velho desejo de deixar os grandes centros, livrar-se da civilização e viver uma vida monástica no bosque. Thoreau, Walt Whitman. Em Buda descobriu que todo o sofrimento vem da incapacidade de nos livrarmos das ilusões. No momento em que entendemos que a vida é sonho e que nada é real, tudo fica leve e somos recompensados com a felicidade. Simples assim. E pelo resto da década lutará para levar o Budismo a sério, aprendendo a meditar, tentando abster-se de sexo na tentativa de romper com a servidão da mente às ilusões. E foi para San José, para a residência de Neal e Carolyn Cassady.

A essa altura, Neal estava convertido a outro tipo de pensamento, guiado por Burroughs e por um médium espírita. Burroughs enfiara na cabeça de Neal que budismo era "lixo psíquico". E Neal usou esse argumento numa discussão com Jack, que, ofendido, foi embora da casa do amigo para o Hotel Cameo, o mesmo hotel de quinta categoria de suas outras passagens por San José. Agora, sentado na cadeira de balanço no quarto, olhando pela janela os bêbados, as putas e os carros de polícia, começou a escrever os poemas em formato de haikus que, somados a outros, formarão depois sua primeira investida na poesia. *San Francisco Blues* será o título, de novo um tributo ao jazz.

Como sempre, também dessa vez Kerouac não ficou mais que dois meses na Califórnia. Voltou para a casa da mãe e empregou-se como operário nas docas, em Nova York. E escrevia. Começou a anotar os sonhos em um caderno e planejou escrever um romance de ficção científica sobre o mundo controlado pelo computador. No tempo livre, praticava meditação transcendental.

Enquanto Kerouac chegava a Nova York, quem deixava a cidade a caminho de San José era Allen Ginsberg. Ainda obcecado sexualmente por Neal Cassady, Ginsberg teve uma recaída e decidiu ir atrás dele. O tesão de Ginsberg por Neal vinha desde 1947 e, sete anos depois, Ginsberg lamentava em seu diário que o caso pouca importância tivera para Neal. Ginsberg sentia-se reaceso, louco para retomar as gulosas sessões. Neal, que, como já foi dito, não era homossexual, mas não negava fogo a amigos que dele careciam – desde que isso os fizessem felizes e o deixassem em paz ao menos por algumas horas –, ao mesmo tempo tinha pena de Ginsberg por este dramatizar uma ligação que só acontecia na cabeça dele, ou seja: esperar de Neal mais do que ele podia dar era perda de tempo e energia. Uma manhã, nessa temporada na casa de Neal e Carolyn, em San José, Ginsberg estava ajoelhado (não exatamente rezando) diante de Neal, quando, vinda da rua, entrou Carolyn.

Décadas depois, Carolyn contará à revista *Rolling Stone* o ocorrido: "Imagina que eu abro a porta e vejo o Allen de joelhos chupando o Neal. Foi um choque. Sabia que eles já haviam tido um caso no passado, mas aquilo era assunto encerrado. Não porque se tratasse de homossexualismo, mesmo que fosse uma mulher eu teria ficado indignada. Mas o pior era por tratar-se de alguém que se fazia de amigo, intrometer-se assim no nosso casamento e na minha casa, onde viviam nossas crianças e tudo. Eu não esperava que isso acontecesse porque o próprio Allen me contara especificamente que desistira do Neal e já não mais o desejava fisicamente. E eu, tonta, acreditei. Como nosso hóspede, ele tinha até então se mostrado ótima companhia".

Carolyn imediatamente pediu a Ginsberg que procurasse outro lugar. "E só me tranqüilizei quando eu mesma fui de carro levá-lo a Berkeley, dando a ele, na despedida, vinte dólares para se virar."

A mudança para Berkeley foi o começo do período mais criativo da vida de Allen Ginsberg. De Berkeley, mudou-se para um hotel na North Beach, em São Francisco, onde a poesia vivia uma ótima fase. E arranjou uma namorada, Sheila Boucher. Vestido de terno e gravata, Ginsberg tentava ser um rapaz normal, heterossexual. Consultou um psiquiatra reichiano que o aconselhou a desistir daquela farsa, assumir a homossexualidade, obedecer ao coração e ser feliz. Foi o que ele fez. Começando por desfazer o namoro com Boucher. Não demorou para que fosse apresentado a Peter Orlovsky, um belo garoto que acabava de terminar o serviço militar. Foi uma união homossexual exemplar e duradoura, logo assumida por ambas as partes. Tendo Orlovsky ao lado o tempo todo e em todos os eventos, Ginsberg tornou-se um americano tranqüilo.

Enquanto isso, em Nova York, graças a Malcolm Cowley, a revista *New World Writing* publicava um capítulo de *On the Road*. O texto chamou a atenção da elite intelectual para aquele trabalho em progresso, facilitando para Cowley as negociações com a editora Viking. Por outro lado, Sterling Lord, o agente literário de Kerouac, não conseguia despertar o interesse de nenhuma editora para outros manuscritos dele, que se avolumavam. Em agosto de 1955, Kerouac decidiu voltar para a Cidade do México. Por causa de sua recente conversão ao budismo, procurou evitar as prostitutas. Mas não impôs nenhum breque ao consumo de morfina, maconha e uísque. A procura das drogas o levou até Esperanza Villanueva, viúva do homem que fora o canal de Burroughs às drogas.

Esperanza vivia num barraco infecto enfeitado com imagens de santos católicos. Doente, viciada, maquiagem carregada, o jeito de andar de quem mal se agüenta em pé, a roupa desleixada, mas sexy, churreada como uma Rebordosa, Esperanza encantou Kerouac, que se apaixonou pela figura no primeiro instante. Esperanza vendia o corpo em troca de heroína e morfina. Parecia uma morta-viva. Kerouac ficou fascinado pelo sofrimento *cool* dela. Ele achava seus olhos parecidos com os de Billie Holiday e seu jeito resignado lembrava a Virgem Maria. E, quando o fundo musical era *Las Mañanitas*, então Kerouac queria morrer, tamanha tristeza, tamanha felicidade, tamanha poesia. E beberá tanto na fonte dessa nova inspiração que o resultado lhe renderá outro romance, *Tristessa*. "Tristessa" é o nome que, no livro, dá ao personagem inspirado em Esperanza.

É difícil dizer qual o pior romance de Jack Kerouac, mas *Tristessa* com certeza é um dos mais fortes candidatos. Mesmo assim, tem qualidades irresistíveis (eu mesmo o li duas vezes). Nessa mesma *trip* mexicana, Kerouac também escreveu mais de duzentos poemas curtos que, anos depois, sairão em livro sob o título *Mexico City Blues*. Esse livro influenciará de tal maneira um adolescente chamado Robert Zimmerman que este tomará uma atitude, mudará de vida, assumirá outro nome e será para sempre Bob Dylan.

Kerouac pensa em mandar o manuscrito de *Mexico City Blues* para a apreciação de Ginsberg. Allen, por seu turno, lá em São Francisco, escrevia um longo poema pensando em enviá-lo a Kerouac, para que o amigo o comentasse. O poema começava com o verso "Vi as melhores mentes de minha geração", usando a respiração como medida. Ginsberg estava muito contente. Descobrira a liberdade de imaginação que tanto buscara. Enviou uma cópia para Kerouac, no México. À primeira leitura, Jack não ficou muito entusiasmado. Reconhecia no poema do amigo toda uma pertinácia, mas sentia faltar-lhe espontaneidade. Parecia muito trabalhado. Mas a verdade é que *Howl* (será este o nome do poema, nome, aliás, sugerido pelo próprio Kerouac) irá, na hora certa, pegar a Beat Generation pelo prepúcio e levar o novo espírito à altura de fenômeno; primeiro nacional e logo internacional. *Uivo* abrangia tudo: profecias bíblicas, confissões pós-adolescentes, *all that jazz* e o último grito em linguajar esperto.

Kerouac fez a mochila, despediu-se de Esperanza, da capital mexicana e pegou o rumo da Alta Califórnia. Encontrou

Ginsberg superexcitado, organizando recitais. Poesia era o quente, agora, em São Francisco. Todos os poetas da Bay Area e alguns de fora se reuniam na Galeria Six, um centro cultural improvisado em uma oficina de automóveis desativada. Gary Snyder, Michael McClure, os dois Philips – Whalen e Lamantia –, os dois Kenneths – o Rexroth e o Patchen –, até mesmo o velhíssimo Robert Duncan (irmão da mítica Isadora). Kerouac também é infectado por esse entusiasmo renascentista e não negará fogo nesses recitais. Público de umas 150 pessoas entusiasmadas gritando "Vai! Vai!" como num show de música nervosa.

CAPÍTULO 8

ESCALANDO MONTANHA, ATRAVESSANDO FRONTEIRA E CRUZANDO O ATLÂNTICO

O entusiasmo fazia tudo parecer novo. Depois do recital em que Ginsberg *uivou*, outro poeta, Lawrence Ferlinghetti, dono da City Lights, a pequena editora especializada em edições de poesia, mandou um telegrama parabenizando-o pelo sucesso da noite e pedindo o manuscrito. Impresso na Inglaterra, *Howl* será publicado pela City Lights – e, por décadas de reedições, terá sempre a mesma capa em preto-e-branco, conforme o padrão da editora. O nome da livraria e editora era uma referência ao filme *Luzes da Cidade*, de Charlie Chaplin. Mas, quando as 500 cópias chegam ao porto de São Francisco, *Howl* foi apreendido por obscenidade. Ginsberg e Ferlinghetti enfrentaram o processo, mas a censura acabou liberando e o livro teve várias tiragens, vendendo centenas de milhares de exemplares.

Mais que qualquer outro autor da Geração Beat, Allen Ginsberg sabia o valor da promoção. A determinação de tornar-se rapidamente conhecido como poeta e ativista implicava estar sempre despertando a atenção da mídia. Empregava muita energia para que Burroughs e Kerouac também chamassem a atenção de críticos e editores de Nova York. Quando *Howl* foi publicado, Ginsberg cuidou para que cópias do livro chegassem às mãos de gente como Charlie Chaplin, W. H. Auden e T. S. Eliot.

Depois de seis anos trabalhando como publicitário e pesquisador de mercado, Ginsberg sabia promover um produto criando ondas que fisgassem a mídia e o público. Em um recital de poesia, ficou nu. "O poeta está sempre nu diante do mundo", disse. E em qualquer evento importante sempre dava um jeito de ter fotógrafos por perto. Kerouac, ao contrário, não tinha o menor senso de publicidade, evitava aparecer o mais que podia. É claro que, como Ginsberg, Kerouac sabia que fazia parte de uma história significativa, mas estava mais empenhado em completar a série de livros que um dia contaria a sua história do que em promover uma imediata identidade de grupo.

A partir desses recitais, Kerouac passou a se encontrar mais com Gary Snyder. Ao contrário da maioria dos beats, Snyder fazia a linha quieta, zen total, tradutor completo que era do chinês e do japonês. Vivia num casebre mobiliado apenas com tatames. Ia de bicicleta ou a pé aos lugares. Com ele, Kerouac conversava sobre budismo e suas vertentes. Snyder fora fundo na cultura oriental e ensinou Kerouac a construir haikais como os japoneses o faziam. No fim de outubro, quando o outono já se abria para o inverno, Snyder convidou Kerouac e um outro amigo, o bibliotecário John Montgomery, para escalarem juntos os 12 mil pés de uma montanha na Serra Nevada.

Com o material colhido nessa experiência, Kerouac escreverá *The Dharma Bums*. Será o primeiro romance dele tendo como protagonista um *proto hippie* – Snyder será a inspiração para o personagem "Japhy Ryder".

Foi o período de religiosidade mais intenso na vida do escritor. Mas o conflito entre o catolicismo de sua formação e a liberdade que o budismo oferecia fez do livro um outro drama. Snyder, brincando, disse: "Te vejo no leito de morte beijando a cruz".

Na subida dessa montanha, Jack, ao contrário de Snyder e de Montgomery, não teve fôlego para ir até o pico. De qualquer modo, foi até a metade e gostou. Depois da descida, passou alguns dias com Neal e Carolyn Cassady, que agora moravam em Los Gatos (a dez milhas de San José), e dali foi para a casa da irmã, na Carolina do Norte (onde estava a mãe), passar o Natal em família. Durante toda a vida, até então Jack sempre passava alguns meses na casa da irmã. Ajudava o cunhado a buscar lenha na mata, se emocionava vendo a irmã pendurar roupas no varal, ia para o bosque para longos passeios com o sobrinho e o cachorro. Paul, que estava com sete anos, adorava o tio Jack. E a presença de

Mémère; tudo era aconchegante nessa atmosfera familiar. É verdade que a casa de Nin era modesta (Jack escrevia na cozinha apertada, a noite inteira, enquanto os outros dormiam). Nesses dias, escreveu uma carta para o endereço certo, no Estado de Washington, inscrevendo-se para um emprego de guarda florestal em qualquer floresta do país. Imaginava ser esse o emprego ideal – enquanto, da torre, vistoriasse o cenário, poderia estudar, ter revelações divinas e escrever em total paz e concentração.

Recebeu resposta do Serviço Nacional de Florestas. Foi aceito como observador no Pico da Desolação (nome propício), na Floresta da Montanha Baker, Estado de Washington, e deveria assumir o emprego em junho de 1956.

Antes de assumir seu posto na solitária torre do Pico da Desolação, Jack teve uma semana de treinamento. Na floresta, teria tempo de fazer uma limpeza física e mental – diria não às bebidas alcoólicas, às drogas e ao sexo. Talvez um *vis-à-vis* com Deus ou com o Grande Vazio, encontrando o sentido da existência e de todo o ir-e-vir em vão. Mas, em vez disso, o que encontrou lá em cima foi o maior tédio e uma solidão que não tinha tamanho. Seus pensamentos eram dirigidos à cidade onde nascera, à namorada da adolescência e à vida que poderia estar levando, se não tivesse caído no conto da estrada. Em vez de dar de cara com Deus, deu foi de cara consigo mesmo, e não gostou do que viu. Depois de dois meses no Pico da Desolação, desceu o morro louco de tesão por companhias e emoções baratas. Chegando a São Francisco, viu que a mídia, desde o *The New York Times* à revista *Mademoiselle*, estava ávida por explorar o filão beat. Kerouac, Ginsberg e Corso foram fotografados para a revista das garotas *up to date*. Uma das fotos posadas para *Mademoiselle* será usada futuramente em praticamente todas as capas das edições internacionais dos livros de Kerouac.

Nesse ínterim, recebeu de Malcolm Cowley a ótima notícia de que *On the Road* seria publicado no início de 1957, pela Viking. Repentinamente, era evidente o potencial comercial da literatura beat. Com a explosão do *rock'n'roll* & Elvis Presley, James Dean & *Juventude Transviada*, os sociólogos de plantão começaram a analisar todo um novo comportamento juvenil de não-conformismo, rebeldia e mudança. A Beat Generation, embora intelectualizada e ligada a um gênero mais elitista e adulto como o jazz, também se viu, por alguma analogia, inserida no contexto. E, depois, o rock não era uma vertente do jazz? Sua origem negra no *Rhythm & Blues* era prova disso. E Gregory Corso, quando viu Elvis na televisão, excitou-se e aplaudiu a jogada pélvica. É bom lembrar que nessa época o jazz também se renovava e, assim como Elvis no rock e James Dean nas telas, surgira como expoente do jazz californiano, e com a idade de Presley e do *Rebelde Sem Causa*, um fotogênico tocador de trompete e cantor que também seria *cool*tuado pela juventude antenada: Chet Baker (que logo estaria influenciando, no Brasil, João Gilberto e toda a bossa nova). Enfim, tudo tinha a ver com tudo.

No final de setembro de 1956, Kerouac resolveu ir mais

uma vez para a Cidade do México. Terminaria de escrever *Tristessa* e começaria *Desolation Angels*. Um mês depois, aparecia por lá a turma toda: Ginsberg e o namorado Peter Orlovsky (com o irmão), e Gregory Corso. Kerouac não era mais o budista tentando entrar na linha, mas o católico que pecava. Transava com prostitutas adolescentes e chegou a participar de surubas homoeróticas organizadas por Ginsberg e Orlovsky.

Em pé, da esquerda para a direita: Jack Kerouac, Allen Ginsberg e Peter Orlovsky; agachados, Gregory Corso e Lafeadio Orlovsky.

ESCALANDO MONTANHA, ATRAVESSANDO FRONTEIRA E CRUZANDO O ATLÂNTICO

Kerouac tinha 34 anos e, segundo seus biógrafos, mesmo com as portas do sucesso se escancarando para ele, começava também a sua descida ladeira abaixo. Em fevereiro de 1957, depois de assinar contrato com a Viking, embarcou como passageiro em um cargueiro e foi para Tanger, no Marrocos, onde Burroughs vivia num hotel de viração chamado *Villa Delirium*, no bairro francês. Burroughs estava escrevendo *The Naked Lunch* (*O Almoço Nu* – título sugerido por Kerouac). Logo Ginsberg e Orlovsky se juntavam a eles. Mas Kerouac se encheu de Tanger. A comida era ruim, o ópio, malhado, e as putas, muito caras. Atravessou de balsa o Mediterrâneo até a França, aportando em Marseille. Circulou um pouco pela paisagem provençal – em Aix foi ao Museu Granet, ver os Cézannes, e em Arles, os Van Goghs – e, de trem, foi a Paris, onde encontrou Gregory Corso, que estava escrevendo (com pseudônimo) romances pornográficos para a Olympia Press – editora sediada na capital francesa que publicava livros em inglês enquanto a censura nos Estados Unidos e na Inglaterra era severa (a Olympia Press foi a primeira a publicar Henry Miller, Samuel Beckett e a *Lolita* de Nabokov). Jack circulou com Corso, foi ao Louvre, freqüentou cafés, emocionou-se com a Notre Dame e foi para Londres, onde fez a mesma coisa – viu Shakespeare montado pelo *Old Vic*, foi à Catedral de Saint Paul e à National Gallery. O *rock'n'roll* já tinha conquistado a ilha onde Elizabeth II era rainha havia cinco anos, e Jack deslumbrou-se com o visual dos *Teddy Boys*. No final de abril, estava de novo em Nova York. De lá, levou a mãe para a Califórnia, na tentativa de ver se Mémère se adaptava ao clima, aceitando mudar-se pra lá. Desistiram da idéia. Filho e mãe foram para a Flórida, onde ele comprou um chalé e instalou Mémère. Deixou-a instalada e voltou novamente ao México. Foi a Nova York para o lançamento de *On the Road*. Arranjou namorada nova, uma *top model*.

On the Road foi lançado e recebeu crítica entusiasmada do *The New York Times*. Mas foi só. Todos os outros jornais arrasaram o livro. Uns diziam que não tinha enredo. Outros, que fazia apologia aos marginais. Truman Capote disse que aquilo não era literatura, era datilografia. Alguns disseram que era mal-escrito e que Jack narrava eventos, mas não fazia nenhuma reflexão sobre eles. Que as primeiras quatro viagens do livro se confundiam como num nevoeiro e nenhuma era memorável. E mais: acusaram Kerouac de fazer uma escrita descontrolada, que o livro era ingênuo no promover desrespeito às leis, que o narrador, Sal Paradise, era um *naive* deslumbrado e que o personagem Dean Moriarty era um "psicótico". O próprio Neal Cassady, na vida real o Dean Moriarty do livro, não querendo ferir Kerouac, disse para Carolyn, sua esposa, que o amigo o retratara com tudo o que ele mais desprezava em si mesmo, defeitos dos quais tanto lutava para se livrar.

A verdade é que, passados tantos anos, *On the Road*, mais que qualquer outro livro, digamos, até do próprio Truman Capote, tem merecido mais estudos e ganhado mais teses do que gostaria Harold Bloom, que nem cita Kerouac entre os autores americanos mais importantes do século XX. Um dos maiores estudiosos de Kerouac, Tim Hunt (Ann Charters o considera o crítico ideal de JK), em seu *Kerouac's Crooked Road* (última edição em 1996, da University of California Press), compara os dois personagens de *On The Road*, Sal Paradise e Dean Moriarty, a Huckleberry Finn e Jim de *As Aventuras de Huckleberry Finn*, de Mark Twain, e a Ishmael e Queequeg de *Moby-Dick*, de Herman Melville. Diz Tim Hunt que o que acontece com essas duplas masculinas é um casamento. Um casamento de camaradagem masculina, não necessariamente um casamento homossexual. Para Kerouac, Neal Cassady era musa e alter ego. Para começo de conversa, Kerouac – tímido por natureza – era fascinado por conversa entre homens, homens que falavam. Conversa de bar. Ora, ninguém o fazia mais que Neal Cassady, que falava pelos cotovelos. A busca joyceana por um novo estilo aconteceu no encontro dele com Neal. Kerouac queria pôr no papel, na sua literatura e na literatura em geral, e de uma vez por todas, uma linguagem que fosse igualzinha à língua falada. Chegará ao ponto de um dia usar gravador e transcrever as fitas. Logo, seu encontro com Neal tinha de ser um *coup-de-foudre* e acabar em casamento na estrada e no livro. Sua paixão pelo tipo inesquecível que era Neal/Dean era tanta que, uma vez infectado, Kerouac/Sal tinha de infectar os leitores com o *zest* do maluco.

O "marriage" (como escreveu Tim Hunt em sua análise profunda) entre Sal e Dean é o "casamento" idealizado entre dois camaradas e envolve, inevitavelmente, um confronto com o envelhecimento e a morte, ou seja, com o peso dos anos. Até mesmo o mais mítico dos pares terá de se separar. Isso virá mais tarde, talvez até abruptamente, mas a chama que parece eterna enquanto dura é o combustível do livro. Dean Moriarty e Sal Paradise na estrada, livres para responderem à paisagem ("O Leste da minha juventude e o Oeste do meu futuro", Jack escrevera ao partir para a estrada) que se desnovela, estão na mesma condição que Huckleberry Finn e o negro Jim (escravo fugido e companheiro de Huck) na jangada, descendo o Mississippi, na obra-prima de Mark Twain: tudo é maravilhoso – o visual, o sol, os banhos nus no rio, a lua, a liberdade, a ilha deserta, a fogueira, o peixe pescado na hora e assado no espeto, a conversa jogada fora à luz das estrelas –, mas Huck e Jim sabem instintivamente que chegará uma hora em que até o rio dessa "lua-de-mel" terá fim. Terão de saltar da jangada. Será o fim da liberdade. Em *On the Road* acontece algo similar. O inerente desencontro entre a nostalgia de Sal pelo Mundo Antigo de ordem e estabilidade pastoril, e seu desejo em participar do Mundo Novo anarquista de Dean, em sua busca pelo êxtase, fará com que Sal quebre a cabeça não poucas vezes até concluir que as lições e decepções levam a questionamentos. E Sal terá de encarar o inexorável que é não ter dúvida de que seu "casamento" com Dean terminará em divórcio.

Só para terminar esta parte, Tim Hunt garante que entre 1948 e 1952 Kerouac escreveu cinco versões do livro. E que a versão publicada pela Viking Press como *On the Road* – a mesma que conhecemos – é a quarta versão. Diz o especialista que *Visions of Cody* é a quinta e final versão do livro, e que Kerouac sempre insistiu nessa como sua obra-prima.

Mas, assim que saiu, em 1957, e do jeito como saiu, com a maioria das críticas botando o livro pra baixo, *On the Road* foi logo transformado em sucesso de vendagem e Jack Kerouac em cinco semanas era celebridade nacional. Embora o americano médio considerasse os beats uma aberração social (sabendo que usavam linguagem obscena, drogas proibidas, e eram sexualmente promíscuos), ao mesmo tempo via neles o *glamour* das rainhas do burlesco e dos gângsteres. E Kerouac viveu esses dias de glória fazendo jus à fama. Festas, porres homéricos, mulheres e baixaria.

Mas, no fundo, não estava feliz. Sentia haver um equívoco e que ele era mal-compreendido. Não era essa fama que desejava, nem era esse seu propósito como escritor. Continuava se vendo como um artista sofredor em busca da santidade.

Em fevereiro de 1958 foi lançado *The Subterraneans*. Outro massacre. A revista *Time* disse que aquilo era escrita de mictório. Outro jornal chamou Kerouac de "ignorante". O título da crítica na *Partisan Review* era: "Os Boêmios Que Não Sabem de Nada". O crítico disse que Kerouac não tinha imaginação, seu vocabulário era limitado e que era inábil no desenvolvimento dos personagens. E que os beats promoviam um antiintelectualismo rasteiro e suicida. E que no fundo não se diferenciavam muito dos delinqüentes juvenis que assolavam a nação com seus blusões de couro e canivetes de mola.

Jack ficou *mordido* com aquilo. Ele, que via seu trabalho como experiência religiosa, era absolutamente contra a violência e nem gostava de filmes como *The Wild Ones* (*O Selvagem da Motocicleta*, com Marlon Brando) e *Juventude Transviada*! Sem contar que detestava blusão de couro. E canivete de mola só para descascar laranja.

Em junho de 1958, Herb Caen, colunista do jornal *San Francisco Chronicle*, cunhou o termo "beatnik", trocadilho ligando os beats ao sputnik – o satélite russo lançado ao espaço naqueles dias. Para fugir da febre beatnik – a coisa já estava virando folclore –, Jack comprou uma casa em Northport, Long Island, para onde se mudou com a mãe. Desse endereço, escreveu um cartão para o brasileiro Roberto Muggiati, agradecendo a cópia do artigo que Muggiati publicara sobre ele no *Jornal do Brasil*. Traduzo um trecho do que JK escreveu: "Algum dia visitarei o Brasil e você. Posso não ir mais a nenhum lugar, mas ao Brasil irei. Ginsberg e Ferlinghetti estão indo para o Chile. Eu estou em casa para começar um outro livro. Salud, hombre – Jack Kerouac". O cartão foi posto no correio às 18h30 de 24 de dezembro de 1959. É a única prova de contato de Jack Kerouac com um brasileiro.

Era a primeira vez na vida que entrava dinheiro. A Metro Goldwyn Mayer comprara por US$ 15 mil os direitos de filmagem do livro *The Subterraneans*, e uma produtora independente comprou *On The Road* por US$ 25 mil. A única notícia

ESCALANDO MONTANHA, ATRAVESSANDO FRONTEIRA E CRUZANDO O ATLÂNTICO

alarmante nessa fase foi a prisão de Neal Cassady por vender dois baseados para policiais disfarçados. A sentença: cinco anos na prisão de San Quentin. Neal escreveu uma carta para o amigo, dizendo que a única coisa que lhe restava em cana era estudar religião. Estava tentando decorar os nomes de todos os papas.

E Kerouac, quanto ele recebia para dar entrevista na televisão? US$ 2 mil para aparecer no programa de Steve Allen, por exemplo. E as viagens – Kerouac, desde que deixou Lowell, ainda na década de 30, não parou mais de viajar, de modo que é irrelevante ficar descrevendo as contínuas viagens, mesmo porque já percebemos que ele estava viajando sempre para os mesmos lugares. E, quando mudava de casa, era para algum subúrbio. De tanto beber, Jack já estava literalmente dando cabeçadas. Preocupado com ele, o poeta e editor Lawrence Ferlinghetti chamou-o a São Francisco e ofereceu-lhe sua cabana em Big Sur, onde Jack poderia escrever e manter a privacidade, uma vez que a popularidade o estava enlouquecendo.

Kerouac foi para a cabana de Ferlinghetti. As primeiras duas semanas foram boas, ele se recuperou um pouco, se exercitou fisicamente recolhendo lenha na mata, preparava as próprias refeições e era fascinado pelo som do mar batendo nos rochedos ali perto. Mas, como acontecera no Pico da Desolação, a solidão logo tomou conta e ele voltou para São Francisco. Ferlinghetti o levou de volta para a cabana. Da experiência, escreverá outro livro, *Big Sur*, publicado no ano seguinte. De modo que tudo continuava relativo na natureza, nada se perdia e no mínimo rendia novos livros. Na viagem de volta a Big Sur passaram por Los Gatos para visitar Neal Cassady, que tinha saído da cadeia por bom comportamento (decorar os nomes de todos papas, afinal, servira para alguma coisa).

Ferlinghetti e Kerouac convidaram Neal e a família para um fim de semana em Big Sur, e eles toparam. Michael McClure mais a mulher e um jovem poeta também foram. Acenderam uma fogueira na praia. Na manhã seguinte ao *luau*, Kerouac não parecia bem, dizia coisas sem nexo e sentia mal-estar físico. Neal e Carolyn levaram-no para a casa deles, em Los Gatos, e cuidaram do amigo.

Jack não estava nada bem. Bebia cada vez mais, e os amigos perceberam que estava também desenvolvendo uma paranóia preocupante. E não foram poucas as vezes em que o encontraram bêbado caído na calçada ou na soleira dos amigos. Isso seria uma constante até o fim. Muitos que só o conheciam de fama nem acreditavam quando ele pedia socorro, dizendo ser Jack Kerouac.

Timothy Leary, professor em Harvard, que nessa época andava registrando experiências com LSD e outras drogas alucinógenas em si mesmo, nos alunos e em artistas, em janeiro de 1961 aplicou psilocibina em Jack. A experiência aconteceu no apartamento de Allen Ginsberg. Foi um horror. Jack vociferava na cara de Leary: "Será que essa sua droga pode absolver os pecados mortais e veniais pelos quais o nosso salvador Jesus Cristo, o único filho de Deus, veio à terra pagar com a crucificação?" Leary, que o acompanhava na *viagem*, disse que essa foi a primeira vez que teve uma *bad trip*.

CAPÍTULO 9

DECLÍNIO E QUEDA

Era preciso outra mudança. Se antes, nas longas décadas de dureza, ele se deslocava de carona em carona, agora, finalmente tendo entrado um bom dinheiro, Kerouac mudava de lugar para lugar comprando e vendendo casas. Mas não se tem notícia de quem cuidava disso para ele. No estado físico e mental em que se encontrava, com certeza não era ele quem se dava ao trabalho. Em março de 1961, ele e a mãe mudaram para uma chácara em Orlando, na Flórida.

Começava aí o estágio final de seu declínio. Os longos anos de excesso agora pesavam, ainda que ele nem tivesse chegado aos 40. As drogas, o álcool, a estrada, a vida dissipada, sua saúde nada boa. A cabeça também não ajudava. Impaciência, irritação. Afastara-se dos amigos, que, de vez em quando, ainda o procuravam. Só não estava completamente só porque de algum modo continuava se relacionando com bêbados nos bares. Era posto para fora desses lugares por comportamento desagradável. Nas suas visitas a Lowell, não era muito respeitado porque, para os cidadãos locais, ele, que, como eles, vinha de origem humilde, tivera as melhores oportunidades, poderia ter-se tornado um herói, tanto no atletismo quanto na literatura, e jogara tudo fora da maneira mais irresponsável. Seus livros – e a população da cidade sabia – eram mal falados, propagando um comportamento vergonhoso e decadente. De resto, tornara-se um reacionário enquanto ia perdendo o bonde da história. Nunca fora muito político, mas agora parecia mais um alienado. Nem a sabedoria de viver uma vida simples, franciscana, que tanto apregoara, ele conseguira. Falara muito dessa vida na teoria, mas na prática a coisa era outra. Embora acreditasse em compaixão, ternura e santidade, nunca conseguiu pôr isso em ação. De seus companheiros, Allen Ginsberg se tornara um bem-informado ativista político; Gary Snyder, um pioneiro do ambientalismo; Burroughs estava sempre na crista da onda com suas idéias que continuavam instigando as novas gerações. Só ele, Jack, parecia ter mijado para trás. Seu interesse por Kennedy, nas eleições de 1960, acontecera só porque Kennedy era católico do Noroeste, como ele.

Amadurecer (para não dizer envelhecer) o apavorava. Sua nostalgia por Lowell, a idealização de Mary Carney (a namorada da adolescência), o fato de ainda viver grudado na barra da saia da mãe eram sintomas de que não conseguira sair da adolescência. Quando o físico colabora, tudo bem, dá para ir levando, mas, quando o corpo e a cabeça já não seguram, aí é ruim. Jack adiara enquanto pôde os ritos de passagem. Mesmo os empregos – nunca tivera um emprego de fato, apenas bicos. Fora casado duas vezes, mas era como se não houvera sido. Foram tão curtos e tão pouco expressivos esses casamentos. A segunda esposa ainda o perseguia para que ele pagasse uma pensão para criar a filha. E, mesmo sendo pai de Jan, nunca a reconheceu como filha, nunca exerceu a paternidade. Só foi ver a filha aos 10 anos, quando a ex-mulher finalmente conseguiu, pela lei, que ele pagasse uma pensão de US$ 52 mensais para o sustento da menina. E só voltará a ver a filha uma última vez, quando a moça já estava com 15 anos. Nem tomara conhecimento de que a filha caíra nas drogas aos 12 anos, e aos 13 na prostituição, para sustentar o vício de heroína.

No verão de 1964, Jack e Neal encontraram-se pela última vez, em Nova York. Mas já não eram os mesmos que, juntos, zanzaram aqueles anos todos pelas estradas da mocidade. Nesse encontro, já não havia vibração entre os dois. Embora fossem praticamente da mesma idade (Neal mais jovem quatro anos), Jack parecia um velho. Reclamava da saúde, tinha horror à nova geração e temia o futuro. Neal, ao contrário, embora no fundo talvez não gostasse, estava levando a maluquice a novos picos. A década de 60 já mostrara a sua cara, os Beatles agitavam, Bob Dylan (discípulo confesso dos livros de Kerouac e do espírito beat), aos 23 anos, estava pronto para dar o bote. E vinha a explosão da contracultura, cujas comportas tinham sido abertas pela geração beat, da qual Kerouac fora considerado THE KING, o rei.

Mas que novos picos eram aqueles em que Neal estava agora metido? Um deles, pelo menos, é sabido. Do ônibus que, com sua lataria pintada espalhafatosamente no novo estilo psicodélico, Neal seria o motorista, conduzindo uma turma de *viajantes* do LSD pela estrada afora, uma espécie de *happening on the road*, como mandava o figurino pop do começo do desbunde hippie. O mundo terá notícia do desbunde em 1967, mas é bom não nos esquecermos de que Ken Kesey (futuro autor de *Um Estranho no Ninho*, que depois, transformado em filme, irá premiar Jack Nicholson com o Oscar de melhor ator) e esse pessoal estavam na vanguarda. E Neal Cassady era O MOTORISTA deles. Claro, só podia. Neal era uma lenda viva. Não era mais uma pessoa, era um *performer*. Todo o mundo sabia que ele era o "Dean Moriarty" do *Pé na Estrada*. O "Sal Paradise" (Jack) é que agora já não estava com nada.

O título dessa *trip* de Kesey & Cassady era "Merry Pranksters", o que quer que *pranksters* significasse. Se Kerouac tivesse se mantido jovem ao menos em espírito, com certeza, se não embarcado, ao menos teria aprovado a curtição como o fruto de uma semente que ele mesmo supostamente lançara, como seus personagens de *On the Road*. Mas não. No seu atual desmoronamento, achava a nova geração de *freaks* uma aberração e lamentava por Neal ter entrado na deles.

Kerouac tinha voltado para a Flórida quando, em 19 de setembro, recebe a notícia da morte de sua única irmã, a Nin. Personagem discreta na biografia do irmão, Nin deixou um filho, Paul Junior, o único sobrinho de Jack. Nin e o marido de tantos anos estavam se separando. Dizem que Nin morreu de desgosto quando Blake telefonou cobrando o divórcio, pois estava ansioso para se casar logo com uma jovem. O filho não ficou nem com a avó Mémère, nem com o tio Jack, ficou com o pai. Era o parente consangüíneo mais próximo, o último. A morte da irmã e o fato de o único sobrinho ser arrancado do convívio da avó e dele fizeram com que Jack se sentisse ainda mais deprimido. Agora, só restavam ele e a mãe.

Em junho de 1965 voou a Paris para fazer pesquisa sobre seus ancestrais franceses. Mas os funcionários da Biblioteca Nacional proibiram-lhe o acesso aos documentos porque Jack nunca chegava sóbrio. Estava sempre caindo de bêbado. A única coisa que conseguiu foi um vago sinal de ter na linhagem materna uma veia proveniente de Napoleão. Coisa de louco. Procurou refúgio no álcool, nas putas e nas *caves* enfumaçadas. Visitou a Bretanha, terra dos Kerouacs. Não descobriu muita coisa e voltou para a Flórida. Dessa viagem, escreveu um opúsculo, *Satori in Paris*. Em linguagem budista, "satori" é o momento da revelação. Mas o que o livro sugere é uma volta ao catolicismo. *Satori in Paris* é um livro curto, cheio de melancolia, entre os mais comoventes de sua obra.

Em março de 1966, nova mudança de endereço, agora para Cape Cod, na baía de Massachusetts. Em novembro do mesmo ano, surpreendeu os amigos casando-se com Stella Sampas. Kerouac estava com 44 anos e Stella com 48. Ela ainda era virgem. Difícil de acreditar: ele, que passara seus melhores anos saindo com mulheres jovens, sofisticadas e liberadas, casara-se com uma velha virgem que nunca saíra de Lowell! Mas Jack, desde a adolescência, fora sempre amigo dos irmãos dela, especialmente de Sebastian Sampas, que morrera na guerra. De algum modo era gratidão, ele estava se casando com uma família de Lowell.

Stella Sampas nunca foi o amor da vida de Jack Kerouac. Mas vinha de longa data entre os dois uma amizade despojada, cheia de confiança. Desde a adolescência trocaram cartas e, no fim da vida, quando ele estava mal, paranóico, desiludido, renegando o passado beat, a mãe já velha e sem energia para cuidar dele, foi ela, Stella, quem Jack procurou para socorrê-lo. Stella o recebeu de braços abertos, fez vistas grossas para o passado devasso do "rei dos beats", dando-lhe suporte moral até o fim. Foi um casamento de conveniência para ambos, especialmente para ele, que agora precisava desesperadamente de uma mulher de moral acima de qualquer suspeita, em quem pudesse confiar plenamente, e que tivesse, senão peito, ao menos ombro para zelar por ele e pela mãe. Quanto a Stella, teria ela se guardado virgem todas aquelas décadas certa de que um dia Jack seria finalmente seu? É um mistério que nunca será desvendado.

Pouco antes de se casar com Stella, Jack visitara Mary Carney (agora casada pela segunda vez). A filha de Mary,

Judy, que a lenda contava ser filha de Jack, lembra da visita. "Ele chegou, bêbado, e falou para minha mãe 'Case comigo', e ela respondeu 'Não, você nunca parou de beber', e ele 'Então você nunca mais vai me ver, vou beber até cair morto'. E foi o que aconteceu."

Logo depois do casamento com Stella Sampas, Jack procurou casa em Lowell, onde poderiam viver os três – Jack, Stella e Mémère. Comprou uma casa grande, em um bairro melhor. Ali escreveu *Vanity of Duluoz*, a narrativa de sua vida desde Lowell até a Universidade de Columbia. No mais, deixava a mulher em casa com a sogra e ia para o bar dos cunhados dar baixaria, como falar mal da esposa ou chegar com algum bando de desocupados colhidos na rua. Às vezes, a baixaria era tanta que os cunhados se viam obrigados a expulsá-lo.

Em novembro de 1967, a filha Jan, então com 15 anos, foi visitá-lo acompanhada do namorado, um *hippie* de cabelo nos ombros. Jack os recebeu bem, um pouco indiferente. Não desgrudava os olhos da televisão enquanto conversava com a filha. Jan estava de viagem para o México e ele deu força, falou "Vai, sim, e escreva um livro". E disse que ela podia usar o sobrenome dele, se quisesse. (E ela usou. Assinava Jan Kerouac. Escreveu dois romances autobiográficos, *Baby Drive* e *Trainsong*. Morreu de parada cardíaca, aos 44 anos. Tinha várias complicações e uma doença muito rara no sangue. Perto da morte, envolveu-se em um litígio com o espólio de Jack e Stella Kerouac, acusando os Sampas de terem forjado a herança da avó.)

Vanity of Duluoz foi publicado em fevereiro de 1968, no mesmo mês em que Jack ficara sabendo da morte de Neal Cassady, que caíra fulminado à beira de uma estrada de ferro, no México, depois de uma *fiesta brava*, seminu, vestindo apenas uma camiseta. A vela romana finalmente se extinguira. Como Jack, Neal tinha se consumido. Naqueles dias, estivera no Texas visitando a filha mais velha e o neto. Pouco antes visitara Luanne, aquela que em 1948, quando Jack o conhecera, era a adolescente de 16 anos com quem acabara de se casar. Vinte anos depois, ainda se viam – o casamento não dera certo, mas a amizade sobrevivera – e Luanne contou que, pouco antes de ele morrer, pela primeira vez o viu perdido e extenuado. "Para que inferno estou indo, Luanne?", perguntou. Luanne estranhou. Neal nunca fora de fazer perguntas desse tipo. Era como se ele finalmente tivesse secado. Neal Cassady estava com 42 anos quando morreu. Foi cremado, e as cinzas guardadas em San José pelo filho John Allen.

Em março, Nick e Tony Sampas levaram o cunhado Kerouac para sua última viagem fora dos Estados Unidos. Os três foram para a Europa num pacote turístico – Espanha, Portugal, Suíça e Alemanha. Os irmãos de Stella foram muito corajosos, o cunhado estava completamente irresponsável. Levava prostitutas para os hotéis, ficava sem nenhum tostão, bêbado e chorão. De volta à América, continuou se irritando com as notícias da contracultura, especialmente com a nova esquerda. Achava que era um complô comunista para destruir a América. Em programas de debate, parecia estar por fora

JACK KEROUAC

No alto, à esquerda, Jack Kerouac em sua foto mais famosa, para a revista *Mademoiselle*, em 1956; à direita, aos 45 anos, em 1957 (dois anos antes de morrer). Embaixo, à esquerda, Kerouac em Tanger, Marrocos, em 1957. À direita, uma de suas últimas fotos.

de tudo o que estava sendo discutido. Só foi mostrar um lampejo de lucidez quando disse que a Beat Generation fora mal entendida, que na verdade fora uma geração dedicada à beatitude, ao prazer de viver e à ternura. "Sendo católico, acredito em ordem, ternura e piedade."

Em setembro de 1968, Jack, a mãe e a esposa tiveram de deixar Lowell porque o clima frio do norte estava afetando a saúde de Mémère. Voltaram para St. Petersburg, na Flórida. Ali, Jack retoma um livro que começara a escrever em 1951, *Pic*.

Sua última entrevista foi para Jack McClintock, do jornal *Miami Herald*. O jornalista o encontrou fumando *Camel*, bebendo *Johnny Walker* (Red Label). Na parede, o óleo que Kerouac pintara do Papa Paulo VI. Era dia, mas as cortinas estavam cerradas. Jack parecia fechado para o mundo lá fora. Nem telefone a casa tinha. "Não tenho ninguém a quem telefonar, e ninguém jamais me procura." A entrevista foi publicada seguida de um artigo escrito por Kerouac. Com o título "Depois de mim o dilúvio", o artigo era uma diatribe anti-hippie e anticomunista.

As esperanças de Kerouac de levar uma vida de eremita em um bosque próximo a Lowell e passar a velhice escrevendo não se realizaram. Em 20 de outubro de 1969, enquanto assistia à televisão, sentiu-se repentinamente mal. Correu para o banheiro e vomitou sangue. Foi levado às pressas para o Hospital Santo Antonio. No dia seguinte, depois de 26 transfusões de sangue, morreu. Hemorragia nas varizes do esôfago. Aos 47 anos, sete meses e nove dias.

O funeral foi em Lowell, dia 24 de outubro, na Igreja Católica Romana de São João Batista. O velório foi em uma funerária no bairro de Pawtucket, do outro lado do rio Merrimack, onde Jack vivera os dias mais felizes, na passagem da infância para a adolescência.

Acompanharam o féretro a viúva Stella Sampas Kerouac, os irmãos dela, conhecidos de Lowell, colegas beats – Allen Ginsberg (que ajudou a carregar o caixão), Gregory Corso, John Clellon Holmes com a mulher – e outros poucos que assistiram em silêncio ao caixão descer à cova no Cemitério Católico de Edson.

Gabrielle, a mãe de Jack, viveria mais quatro anos e morreria em St. Petersburg, na Flórida, aos 78 anos. Stella, viúva de Kerouac, morreu em 1990, aos 72 anos, em Lowell. Estão todos lá enterrados.

CAPÍTULO 10

POST-MORTEM BEAT BOOM
O LEGADO

Uma nota na coluna de Joyce Pascowitch, na Ilustrada da *Folha de S.Paulo*, em 6 de outubro de 1999, dizia: "Um leilão na Sotheby's, amanhã, em Nova York, promete fazer a festa da geração *beatnik*. Os lotes contêm objetos pessoais do poeta Allen Ginsberg. Os protestos devem ficar por conta de tudo o que estiver relacionado com sua admitida pedofilia. O item mais comentado é uma carteirinha de certa *North American/Boy Love Association* – parte do acervo do escritor. O leilão terá também pertences dos colegas de turma, como Jack Kerouac e William Burroughs".

Tais leilões não param de acontecer. E sempre na *Sotheby's* ou na *Christie's*. Em 2001, o rolo de telex no qual Kerouac escreveu uma das versões de *On the Road* atingiu a cotação máxima e foi arrematado por US$ 2,2 milhões. E, dizem os biógrafos, quando Jack Kerouac morreu, estava na penúria, tudo o que ele tinha eram US$ 91. É que a fase de ganhar dinheiro em vida fora curta, apenas nos cinco anos seguintes à publicação de *On the Road*; depois a fonte secou e os outros livros tiveram vendas medíocres.

Mas não três décadas após sua morte. Chegará um dia em que o rolo de telex valerá tanto quanto um Van Gogh. Em 1994, o ator Johnny Depp (de *Edward Mãos de Tesoura* e *Ed Wood*) pagou US$ 10 mil por uma velha capa de chuva que pertencera a Kerouac e que o escritor nunca mandara para a tinturaria. Depp disse que ainda dava para aspirar o cecê de Jack. E outras necrofilias simpáticas do tipo. De qualquer modo, *an old raincoat won't ever let you down*. Ícones do século XX. *Americana*. Os glamourosos anos 50.

Kerouac, que tanto buscava a santidade, acabou virando outra espécie de santo: santo da mitologia pop. Haja vista as camisetas com seu rosto estampado, cartões-postais, pôsteres etc. Em 1993, a marca de roupa GAP usou uma foto sua de 1957 (a foto feita para a revista *Mademoiselle*) na milionária campanha publicitária de sua coleção *khaki*, veiculada em toda a mídia (na mesma campanha, a GAP incluiu Marilyn Monroe e Andy Warhol).

Desde o pós-guerra, nenhum outro romancista americano estimulou tão vasto interesse e devoção, embora essa devoção esteja menos em sua obra e mais no mito – o estilo de vida beat e o apelo de sua imagem de bonitão. Se a imagem de Kerouac não fosse tão certa, nem ele tão fotogênico, não seria tão cultuado. Che Guevara não seria o Guevara cultuado por jovens do terceiro milênio se as fotos deixadas não o mostrassem tão lindo. A mesma coisa acontece com Kerouac. E não são exatamente os intelectuais, mas os neo-românticos de cada safra que têm Kerouac na escala de seus ritos de passagem.

Como Burroughs cinicamente observou: "Kerouac abriu um milhão de cafés literários e vendeu bilhões de jeans Levis".

Kerouac já é uma indústria. Com a popularização da internet, então, é possível até ouvir sua voz. É só baixar em MP3 JK cantando "The Grim Fighting Hero". Dizem que ele não é de todo desafinado. Pode-se passar o resto da vida acessando a infinidade de sites de Jack Kerouac (só no Alta Vista ele tem mais de 50 mil entradas), sem falar dos sites de outros beats. E o CD-Rom *A Jack Kerouac ROMnibus*, de 1995, é um escândalo – o que tem de material, e as fotos!

Enfim, desde fã-clubes de carteirinha, fanzines e todo tipo de bricabraque, existem também, para os interessados, cursos de verão (como a Jack Kerouac School of Disembodied Poetics, em Boulder, no Colorado), e nos últimos 20 anos têm havido encontros e congressos agrupando estudiosos de Kerouac (como o Encontro Internacional Jack Kerouac, em Quebec, no Canadá). É nome de rua em São Francisco. E nome de parque na cidade onde nasceu.

Ainda na década de 90, Francis Ford Coppola comprou os direitos de filmagem de *On the Road*, mas até hoje o filme não foi feito, e nem se sabe quando o diretor de *O Poderoso*

Chefão e *Apocalypse Now* peitará o projeto. Mas Kerouac & *troupe* vêm aparecendo em filmes como personagens, interpretados por atores do cacife de Nick Nolte a *lovelies* como Keanu Reeves e Johnny Depp.

Em 1991, lá nos quintos de Liverpool, Pete Wylie, que fora líder de uma respeitada banda *new wave*, a *Wah!*, escreveu uma ópera *teen* cuja música tema, "Don't loose your dream", tinha como refrão: "Como dizia Jack Kerouac, não deixe jamais seu sonho morrer". Jack Kerouac em uma *ópera teen*! Em música (se Dizzy Gillespie já não tivesse, nos idos dos anos 40, composto "Kerouac"), desde Tom Waits, com "Jack and Neal" (trocadilho com "Jack and Jill" – Joãozinho e Maria), aos *10.000 Maniacs*, com "Hey Jack Kerouac", é só fuçar que o interessado encontrará muitas pérolas musicais homenageando o bicho. Mais até do que ele desejaria. Porque é de pirar. E, claro, não esqueçamos que podemos detectar o espírito de Kerouac refletido em muitos títulos de canções de Bob Dylan – "Desolation Row", "Subterranean Homesick Blues", "Visions of Johanna", "The Gates of Eden".

Em 1975, seis anos depois da morte de Kerouac, Bob Dylan foi visitar seu túmulo, em Lowell, acompanhado de Allen Ginsberg. Dylan levou um violão e cantou. A homenagem foi filmada e faz parte do filme dirigido por Dylan "Renaldo and Clara". E, no rol das influências, não podemos nos esquecer de John Lennon, que já imitava a atitude beat desde o tempo de estudante no Liverpool Art College – Lennon leu *On the Road* em 1960. E o nome de sua banda, *The Beatles* = Beat +

les. E tudo por culpa de quem? De Jack Kerouac. Ainda no contexto do rock dos anos 60 & pós, é bom lembrar, mesmo que *en passant*, que outro profundamente influenciado por Kerouac foi Jim Morrison, apadrinhado, aliás, no início da carreira, pelo poeta beat Michael McClure.

Os anos dourados de Jack Kerouac foram de 1957 a 1959, quando seis romances e um livro de poemas foram publicados em rápida sucessão. Dez anos depois, quando morreu, em 1969, já não era mais moda. Seus livros estavam fora de catálogo e ele, novamente pobre, enquanto seus colegas de movimento se adaptavam aos novos tempos e eram cultuados como gurus da contracultura em suas várias ondas. Mas gerações se sucedem e, de repente, vem uma outra e perdoa – especialmente quando retornam ao básico, e o básico (no caso, o Kerouac básico) é a mais perfeita fonte de inspiração. E os mais velhos um dia acabam mais velhos ainda e finalmente sábios; então reparam injustiças cometidas e partem para o reconhecimento em grande estilo.

Foi o que aconteceu em 25 de junho de 1988. Amigos, tanto da Geração Beat como de infância e adolescência, acadêmicos especializados em sua obra e biógrafos, assim como fãs, se reuniram em Lowell para a inauguração do Kerouac Park. Seus companheiros de movimento pareciam agora respeitáveis cidadãos da terceira idade. Sua primeira mulher, dona Edith "Edie" Parker, grisalha e digníssima (Edie morre em 1993), era só felicidade e orgulho; Lawrence Ferlinghetti; Henri Cru, confinado a uma cadeira de rodas (morto em 1993, aos 70 anos); a filha de Jack, Jan Kerouac, bonita. A viúva Stella (dois anos antes de morrer).

No centro do Parque Kerouac, o memorial. Oito blocos de granito; em cada bloco, frente e verso, dois textos diferentes do homenageado. E todo mês de outubro acontece em Lowell o festival anual que celebra seu mais famoso filho.

Na verdade, Jack Kerouac só esteve fora de moda na década de 70. Logo no começo da década seguinte, com a revalorização de toda a cultura beat por uma nova geração internacional e pós-moderna, todos, vivos e mortos, voltaram à tona. Era de novo *La Beat Route*.

Textos até então inéditos conquistam velhos e novos leitores. Seu espólio, hoje, soma mais de US$ 10 milhões. Dos volumes de suas biografias, a primeira, a seminal *Kerouac*, por Ann Charters, de 1973, traz esclarecidas muitas dúvidas sobre coisas da vida do biografado, assim como a identificação de pessoas reais que aparecem como personagens de sua ficção. Desde a mais comprida das biografias, as quase 800 páginas de *Memory Babe*, por Gerald Nicosia, publicada em 1983, até tantas outras e tão boas quanto, esses anos todos têm visto também o lançamento de uma enxurrada de livros autobiográficos e memórias de gente que o conheceu bem ou mal. Cada um, no seu direito, é útil no esclarecimento do tremendo fascínio exercido por Kerouac e pela Beat Generation.

Enquanto viva, Stella proibiu que muitos de seus textos inéditos fossem publicados. E parece que o melhor dele está em seus diários, mais de 200 cadernos deixados. Desde a morte dela, em 1990, seus irmãos continuam tomando conta do legado de Kerouac (um deles, John Sampas, como administrador). Enquanto viva, a viúva fez o que pôde para desligar e dissociar o marido dos beats, mas, com sua morte, os irmãos vêm facilitando para que o material do escritor cumpra a demanda. Os Sampas liberaram a publicação de poesias, contos, artigos, rabiscos, tudo o que pudesse ter algum interesse. Em 1995, o volume de cartas dele, editado por Ann Charters, foi um *best seller* no gênero. Em Nova York, o Whitney Museum promoveu uma grande Exposição Beat com uma *memorabilia* que deixou o mundo encantado. Um dos pontos mais fascinantes da mostra foram as pinturas feitas por Kerouac.

Mas, e os outros, os *Dramatis Personae* da Geração Beat, o que foi feito deles, que fim tiveram, onde estão?

Allen Ginsberg morreu de uma hepatite desconhecida em Nova York, em 5 de abril de 1997, aos 71 anos. Ao seu lado no leito de morte, a punk Patti Smith e o poeta Gregory Corso. Antes de morrer, e sabendo que seu dia estava chegando, Ginsberg distribuiu sua fortuna, mais de um milhão de dólares, entre os amigos mais precisados.

William Burroughs morreu quatro meses depois de Ginsberg, em 2 de agosto de 1997, aos 83 anos, em Lawrence, Kansas, para onde se havia mudado fazia tempo. Escreveu até o fim, deixando um diário dos últimos tempos. Nele registrou: "Pensam que sou rico, mas tudo o que tenho é esta casa (com dois quartos) e US$ 1.500 no banco". E muitos gatos. Nos últimos anos se encantara com gatos, compreendendo e respeitando as manias de cada um. Burroughs também vinha se dedicando à pintura, e seus quadros foram expostos até no Japão. As últimas palavras no diário, dois dias antes de morrer: "Amor? O que é? É o analgésico mais natural. AMOR".

E Gregory Corso esteve sempre na ativa, viajando pelo mundo em récitas poéticas. Morou na França, na Itália, na Califórnia. Na década de 80, foi excelente pai para o filho Max Orfeu. Morreu em Nova York, onde nasceu, de câncer na próstata, no começo de 2001, aos 72 anos.

Mary Carney, o amor da adolescência de Kerouac, foi casada duas vezes e morreu em Lowell, 1992, aos 72 anos. Henri Cru ("Remi Boncoeur" em *On the Road*, e um dos primeiros colegas de Kerouac em Nova York) morreu com 70 anos, em 1993. Nunca se casou e sempre trabalhou na Marinha Mercante. Herbert Huncke ("Elmo Hassel" em *On the Road*) – que definiu o termo beat – viveu modestamente sua maturidade como autor e memorialista. Morreu com 81 anos, em 1996. John Clellon Holmes morreu de câncer aos 61 anos, em 1988. Hal Chase, que apresentou Neal Cassady a Kerouac, está com 80 anos, aposentado como antropólogo da University of Southern Califórnia, e vive ali perto, em Paso Robles, evitando publicidade ligada ao tema Beat. Luanne Henderson, 73 anos, a primeira mulher de Neal Cassady, mora em uma casa sobre rodas, na Califórnia. Lucien Carr aposentou-se faz tempo como editor da United Press International (UPI) e vive em Washington, DC. Carolyn Cassady, aos 83 anos, está na ativa. Nos anos 80 morou em Londres, onde escreveu suas memórias *Off the Road: My Years with Cassady, Kerouac and Ginsberg*. Carolyn é uma excelente pintora hiper-realista, na linha de Eric "Bad Boy" Fischl e Edward Hopper. Seus três filhos com Cassady estão vivos e, parece, todos muito bem. John Allen Cassady é *manager* de uma indústria de scanners.

Gary Snyder foi, de todos os autores beats, o único a receber o Prêmio Pulitzer, por seu livro de poesia *Turtle Island*. Sempre ativo como ambientalista, vive em algum lugar da Califórnia – sua casa não tem telefone.

Em março de 2003, escrevendo este livro e desejando saber se Lawrence Ferlinghetti ainda era vivo, acessei a internet e descobri que está com 83 anos, ainda supervisionando a City Lights. Continua escrevendo e pintando. A prefeitura de São Francisco decidiu homenageá-lo em vida criando o Lawrence Ferlinghetti Day. Michael McClure, aos 71 anos em 2003, continua ativo na Califórnia.

Mas a nota mais patética no encerramento deste capítulo me foi dada por acaso, enquanto fazia a revisão deste livro. Consultando a internet, atrás de um assunto nada relacionado com este livro, saltou-me aos olhos uma chamada de pé de página na folha de rosto do jornal inglês *The Independent* de 19 de fevereiro de 2003. Paul, o único sobrinho e o parente vivo mais próximo de Kerouac – o Paul que, na infância, na Carolina do Norte, tio Jack levava para passear no bosque; Paul, que aparece como o menino "Lil Luke" em *The Dharma Bums*; Paul, filho da irmã Nin –, agora, em 2003, aos 54 anos, vive num trailer sem rodas, ao lado do lixão em Sacramento, Califórnia. Paul vive na extrema penúria. Vive com US$ 100 do salário-desemprego. A notícia dizia que Paul estava processando a família Sampas, que continua dona do espólio de Kerouac. Antes de morrer, em 1990, a viúva de Kerouac passou a herança para os irmãos. Mas, agora, Paul Blake Jr., o único parente consangüíneo de Jack – e adorado pelo tio –, quer, com todo o direito, ao menos uma quantia decente para viver um pouco melhor do que vive hoje, sem teto, bêbado para esquecer as agruras e praticamente no lixo. Paul, que também é o único neto vivo de Mémère, diz que, assim que a avó morreu, os Sampas se apropriaram do tesouro de Ti Jean.

CAPÍTULO 11

DA OBRA BEAT
TRADUZIDA NO BRASIL

Traduções da poesia e da prosa beat demoraram três décadas para sair no Brasil. Chegava aqui, na década de 60, uma edição portuguesa, muito boa, aliás, de *On the Road*, sob o título *Pela Estrada Afora*, pela Ulisséia. Em 1969, a Editora Brasiliense publicava *Geração Beat*, uma antologia poética por Seymor Krim. E só.

Nos anos 80, depois de décadas sob a censura do regime de ditadura militar, veio a abertura e, com ela, a brecha de também por aqui se manifestar o fenômeno pós-moderno. Nesse novo entusiasmo cultural, a difusão da cultura beat teve finalmente sua vez. Duas editoras tomaram a iniciativa de lançar traduções brasileiras de praticamente o mais relevante dessa literatura. Foram a Editora Brasiliense, na dinâmica de seu proprietário e diretor, Caio Gracco Prado, e do editor-chefe, Luís Schwarcz, e a editora L&PM, com Ivan Pinheiro Machado, editor e proprietário, e Eduardo Bueno, editor-assistente. Esses quatro cavalheiros, três deles extremamente jovens, formaram a mola propulsora desse (ainda que tardio) milagre editorial.

Em seu prefácio "Sobre a tradução", para a edição brasileira do *Uivo* de Ginsberg, o tradutor Cláudio Willer escreveu, em 1984, a respeito do montante de traduções no *Boom Beat* aqui: "Tenho notado, em alguns dos nossos tradutores, uma tentativa de atualizar a linguagem Beat, utilizando ao máximo a gíria corrente entre os jovens brasileiros atualmente. No entanto, isso deve ser feito de forma cuidadosa. É evidente que, de um lado, não se pode depurar a linguagem e torná-la bem-comportada. *Cock* é mesmo caralho; *cunt*, buceta; *asshole*, cu. Mas também não se pode partir para o erro oposto, de verter Ginsberg num linguajar pós-bicho-grilo. (...) Um uso excessivo de nossa gíria atual pode ter apenas uma conseqüência: envelhecer rapidamente a tradução, torná-la obsoleta no momento em que certas palavras saírem de moda e forem substituídas por outras".

Foi o que aconteceu. Muitas das traduções não resistiram a uma segunda leitura, em 2003. De qualquer modo, para traduzir esses livros foram convocados, a partir de 1984, escritores brasileiros com identificação e conhecimentos beat. O primeiro livro, lançado pela Brasiliense, foi *On the Road* – com o título original em destaque e, abaixo dele, o equivalente brasileiro, *Pé na Estrada*, tradução de Eduardo Bueno (e eu, como revisor de estilo e co-tradutor). Dessa tradução, escreveu Willer em artigo para a *Folha de S.Paulo* de 3 de março de 1984: "Confesso que, como um dos leitores da produção beat no começo dos anos 60, eu esperava a edição brasileira de *On the Road* com uma certa preocupação. Teria envelhecido? Despertaria o mesmo entusiasmo e paixão? A resposta não demorou; foi, inclusive, imediata, pois já veio na primeira frase da boa tradução de Peninha (Bueno) e Bivar. Estava com um grupo de escritores amigos, um deles pegou a edição que eu acabara de receber, disse 'Vejam isso', e leu a abertura: 'Encontrei Dean pela primeira vez pouco depois que minha mulher e eu nos separamos'. Ele leu mais um pouco e ninguém teve dúvidas: estávamos, efetivamente, diante de um desses textos que dão a impressão de ir direto na veia".

A L&PM lançou *Uivo, Kaddish e Outros Poemas*, de Ginsberg, tradução inspirada e perfeita de Cláudio Willer. Seguem, pelas duas editoras, outras traduções. *Junky (Drogado)*, de Burroughs, por Reinaldo Moraes. *Uma Coney Island da Mente*, de Ferlinghetti, por Leonardo Fróes e Eduardo Bueno. *Cartas do Yage*, de Burroughs e Ginsberg, tradução de Betina Becker. *Big Sur*, de Kerouac, por Paulo Henriques Brito (que também traduziu *Os Subterrâneos*). *O Primeiro Terço*, de Neal Cassady, por Mauro Costa. *Velhos Tempos*, de Gary Snyder, tradução de Ciro Barroso...

E a lista segue: *Naked Lunch (Almoço Nu)*, de Burroughs; *Vida Sem Fim*, de Ferlinghetti; *Gasolina e Lady Vestal*, de Gregory Corso; *Parque de Diversões na Cabeça*, de Ferlinghetti;

De Repente, Acidentes, de Carl Salomon; *A Queda da América*, de Ginsberg; *Sete Dias na Nicarágua Livre*, de Ferlinghetti; *O Livro dos Sonhos*, de Kerouac. E alguns outros.

Tamanha era a demanda pela literatura beat que os livros foram traduzidos a toque de caixa e com uma energia semelhante à que Kerouac empregou ao escrever a versão de *On the Road* no rolo de telex.

Um dos livros mais interessantes da invasão beat não era tradução, mas um original escrito por brasileiros: *Alma Beat* era o título (L&PM). Com ensaios sobre a Geração Beat e temas associados à cena, tais como jazz, drogas, rebelião, zen budismo, viagens interiores e exteriores – ensaios escritos por entusiastas e especialistas como Roberto Muggiati, Claudio Willer, Leonardo Fróes, Eduardo Bueno, Reinaldo Moraes, Pepe Escobar e eu –, *Alma Beat* foi o trabalho mais completo até então publicado no Brasil sobre o movimento que provocou tudo o que provocou. E, em outubro de 1989, saiu pela editora Campus, traduzida por Sonia Coutinho, a primeira e excelente biografia de Jack Kerouac por Ann Charters (de 1973), *Kerouac – Uma Biografia*. Em 1995, pela Siciliano, *Cidades da Noite Escarlate*, romance *pulp-cyberpunk* de Burroughs (publicado lá fora em 1981), tradução de Pinheiro de Lemos. Pela Iluminuras, *Vozes e Visões*, entrevistas feitas por um brasileiro, Rodrigo Garcia Lopes, com Ginsberg, Burroughs, Ferlinghetti e outros.

Hoje, à exceção de poucas reedições – *Uivo*, edição revista e ampliada por Cláudio Willer, e mais *O Livro dos Sonhos, O Primeiro Terço* e *On The Road*, na coleção L&PM

Pocket – os outros títulos estão esgotados e fora de catálogo. Com muita sorte podem ser encontrados em sebos. Porém, como a demanda por literatura beat só vem aumentando, saiu em 2004, pela primeira vez no Brasil, o *Dharma Bums*, de Kerouac, com o título de *Os Vagabundos Iluminados* (L&PM Pocket); e uma nova tradução de *Junky* (Ediouro) por Carol Mesquita e prefácio de Joca Rainers Terron. A onda beat também chegou ao teatro, com a bem sucedida montagem de *Kerouac*, de Maurício Arruda Mendonça, com Mário Bortoloto, direção de Fauzi Arap, em 2002.

BIBLIOGRAFIA DE JACK KEROUAC
(& ANO DE PUBLICAÇÃO)

The Town and The City (1950)
On the Road (1957)
The Dharma Bums (1958)
The Subterraneans (1958)
Mexico City Blues (1959)
Doctor Sax (1959)
Maggie Cassidy (1959)
Tristessa (1960)
Visions of Cody (1960)
Lonesome Traveller (1960)
The Scripture of the Golden Eternity (1960)
The Book of Dreams (1961)

BIBLIOGRAFIA DE JACK KEROUAC (& ANO DE PUBLICAÇÃO)

Pull My Daisy (1961)
Big Sur (1962)
Visions of Gerard (1963)
Desolation Angels (1965)
Satori in Paris (1966)
Vanity of Duluoz (1968)

PUBLICADOS POST-MORTEM

Scattered Poems (1971)
Pic (1971)
Trip Trap (1973)
Heaven and Other
Poems (1977)
San Francisco Blues (1983)
Old Angel Midnight (1993)
Good Blonde & Others (1993)
Pomes All Sizes (1995)
Book of Blues (1995)
Selected Letters (1995)

CRONOLOGIA

1922 – A 12 de março nasce Jean-Louis Lebris de Kerouac, em Lowell, Massachusetts, USA.

1939-1940 – Freqüenta a Horace Mann Prep School, New York City.

1940-1941 – Começa o college, na Universidade de Columbia.

1942-1943 – Trabalha na Marinha Mercante e é convocado a servir na Marinha (U.S. Navy).

1944 – Primeiros encontros com futuros beats: conhece Lucien Carr, William Burroughs e Allen Ginsberg.

1946 – Começa a escrever *The Town and The City*. Conhece Neal Cassady em dezembro.

1947-1950 – Viagens com Neal Cassady. Inicia a primeira versão de *On the Road*.

1951 – Escreve em três semanas a mais famosa das versões de *On the Road*, no rolo de Telex.

1951-1952 – Escreve *Visions of Cody* em Nova York e São Francisco. Escreve *Doctor Sax* na Cidade do México. Começa o *Livro dos Sonhos*, na Carolina do Norte.

1953 – Escreve *Maggie Cassidy* e *Os Subterrâneos*, em Nova York.

1955 – Escreve *Mexico City Blues*, livro de poemas, na Cidade do México e ainda na capital mexicana começa o romance *Tristessa*.

1956 – Escreve *Visions of Gerard* na Carolina do Norte. Escreve a primeira parte de *Desolation Angels* em Washington e na Cidade do México.

1957 – *On the Road* é finalmente publicado. Escreve *The Dharma Bums* na Flórida.

1961 – Volta ao México onde continua escrevendo *Desolation Angels*. Na Califórnia escreve *Big Sur*.

1965 – Viagem à França em busca das raízes. Na volta escreve *Satori em Paris* na Flórida.

1966 – Casa com Stella Sampas e volta a morar em Lowell.

1967 – Em Lowell escreve *Vanity of Duluoz*.

1968 – Morre no México, a 4 de fevereiro, Neal Cassady (o Dean Moriarty de *On the Road*).

1969 – Em 21 de outubro, aos 47 anos, morre Jack Kerouac, em St. Petersburg, Flórida.

SOBRE O AUTOR

Tika Tiritilli

Antonio Bivar nasceu e vive em São Paulo. É autor dos livros: *O Que é Punk* (Brasiliense, quinta edição, 2001); *James Dean* (Brasiliense, segunda edição, 2003); *Alma Beat* (L&PM, 1984 – o ensaio sobre Gregory Corso e a cena beat anos 80); *Verdes Vales do Fim do Mundo* (L&PM Pocket, segunda edição, 2002); *Chicabum* (Siciliano, 1991); *Longe Daqui Aqui Mesmo* (Círculo do Livro, 1995) e *Yolanda* (A Girafa, 2004 – biografia de Yolanda Penteado). Em teatro, publicou: *Enfim o Paraíso* (com C. L. Paulini, ed. Secretaria Municipal de Cultura, RJ, 1992); e *As Três Primeiras Peças* (Atritoart/Azougue, 2002). Editou, ainda, a obra *Lembranças*, de Guilhermina Lima (João Scortecci Ed., 1994).

Informações sobre o autor podem ser obtidas na internet, em www.itaucultural.org.br (clicar em *panorama do teatro* e procurar pelo nome); e em www.klickescritores.com.br (procurar em *escritores).* Também podem-se encontrar muitas referências ao se realizar search/busca por "Antonio Bivar" no www.google.com, www.yahoo.com, www.altavista.com e no www.terra.com.br.

Coleção Primeiros Passos
Uma Enciclopédia Crítica

ABORTO
AÇÃO CULTURAL
ACUPUNTURA
ADMINISTRAÇÃO
ADOLESCÊNCIA
AGRICULTURA SUSTENTÁVEL
AIDS
AIDS - 2ª VISÃO
ALCOOLISMO
ALIENAÇÃO
ALQUIMIA
ANARQUISMO
ANGÚSTIA
APARTAÇÃO
ARQUITETURA
ARTE
ASSENTAMENTOS RURAIS
ASSESSORIA DE IMPRENSA
ASTROLOGIA
ASTRONOMIA
ATOR
AUTONOMIA OPERÁRIA
AVENTURA
BARALHO
BELEZA
BENZEÇÃO
BIBLIOTECA
BIOÉTICA
BOLSA DE VALORES
BRINQUEDO
BUDISMO
BUROCRACIA
CAPITAL
CAPITAL INTERNACIONAL
CAPITALISMO
CETICISMO
CIDADANIA
CIDADE
CIÊNCIAS COGNITIVAS
CINEMA
COMPUTADOR
COMUNICAÇÃO
COMUNICAÇÃO EMPRESARIAL
COMUNICAÇÃO RURAL
COMUNIDADE ECLESIAL
    DE BASE
COMUNIDADES ALTERNATIVAS

CONSTITUINTE
CONTO
CONTRACEPÇÃO
CONTRACULTURA
COOPERATIVISMO
CORPO
CORPOLATRIA
CRIANÇA
CRIME
CULTURA
CULTURA POPULAR
DARWINISMO
DEFESA DO CONSUMIDOR
DEMOCRACIA
DEPRESSÃO
DEPUTADO
DESIGN
DESOBEDIÊNCIA CIVIL
DIALÉTICA
DIPLOMACIA
DIREITO
DIREITO AUTORAL
DIREITOS DA PESSOA
DIREITOS HUMANOS
DOCUMENTAÇÃO
ECOLOGIA
EDITORA
EDUCAÇÃO
EDUCAÇÃO AMBIENTAL
EDUCAÇÃO FÍSICA
EMPREGOS E SALÁRIOS
EMPRESA
ENERGIA NUCLEAR
ENFERMAGEM
ENGENHARIA FLORESTAL
ESCOLHA PROFISSIONAL
ESCRITA FEMININA
ESPERANTO
ESPIRITISMO
ESPIRITISMO 2ª VISÃO
ESPORTE
ESTATÍSTICA
ESTRUTURA SINDICAL
ÉTICA
ETNOCENTRISMO
EXISTENCIALISMO
FAMÍLIA

Coleção Primeiros Passos
Uma Enciclopédia Crítica

FANZINE
FEMINISMO
FICÇÃO
FICÇÃO CIENTÍFICA
FILATELIA
FILOSOFIA
FILOSOFIA DA MENTE
FILOSOFIA MEDIEVAL
FÍSICA
FMI
FOLCLORE
FOME
FOTOGRAFIA
FUNCIONÁRIO PÚBLICO
FUTEBOL
GEOGRAFIA
GEOPOLÍTICA
GESTO MUSICAL
GOLPE DE ESTADO
GRAFFITI
GRAFOLOGIA
GREVE
GUERRA
HABEAS CORPUS
HERÓI
HIEROGLIFOS
HIPNOTISMO
HIST. EM QUADRINHOS
HISTÓRIA
HISTÓRIA DA CIÊNCIA
HISTÓRIA DAS MENTALIDADES
HOMEOPATIA
HOMOSSEXUALIDADE
IDEOLOGIA
IGREJA
IMAGINÁRIO
IMORALIDADE
IMPERIALISMO
INDÚSTRIA CULTURAL
INFLAÇÃO
INFORMÁTICA
INFORMÁTICA 2ª VISÃO
INTELECTUAIS
INTELIGÊNCIA ARTIFICIAL
IOGA
ISLAMISMO
JAZZ

JORNALISMO
JORNALISMO SINDICAL
JUDAÍSMO
JUSTIÇA
LAZER
LEGALIZAÇÃO DAS DROGAS
LEITURA
LESBIANISMO
LIBERDADE
LÍNGUA
LINGÜÍSTICA
LITERATURA DE CORDEL
LITERATURA INFANTIL
LIVRO-REPORTAGEM
LIXO
LOUCURA
MAGIA
MAIS-VALIA
MARKETING
MARKETING POLÍTICO
MARXISMO
MATERIALISMO DIALÉTICO
MEDICINA ALTERNATIVA
MEDICINA POPULAR
MEDICINA PREVENTIVA
MEIO AMBIENTE
MENOR
MÉTODO PAULO FREIRE
MITO
MORAL
MORTE
MULTINACIONAIS
MUSEU
MÚSICA
MÚSICA BRASILEIRA
MÚSICA SERTANEJA
NATUREZA
NAZISMO
NEGRITUDE
NEUROSE
NORDESTE BRASILEIRO
OCEANOGRAFIA
ONG
OPINIÃO PÚBLICA
ORIENTAÇÃO SEXUAL
PANTANAL
PARLAMENTARISMO

Coleção Primeiros Passos
Uma Enciclopédia Crítica

PARLAMENTARISMO MONÁRQUICO
PARTICIPAÇÃO
PARTICIPAÇÃO POLÍTICA
PEDAGOGIA
PENA DE MORTE
PÊNIS
PERIFERIA URBANA
PESSOAS DEFICIENTES
PODER
PODER LEGISLATIVO
PODER LOCAL
POLÍTICA
POLÍTICA CULTURAL
POLÍTICA EDUCACIONAL
POLÍTICA NUCLEAR
POLÍTICA SOCIAL
POLUIÇÃO QUÍMICA
PORNOGRAFIA
PÓS-MODERNO
POSITIVISMO
PREVENÇÃO DE DROGAS
PROGRAMAÇÃO
PROPAGANDA IDEOLÓGICA
PSICANÁLISE 2ª VISÃO
PSICODRAMA
PSICOLOGIA
PSICOLOGIA COMUNITÁRIA
PSICOLOGIA SOCIAL
PSICOTERAPIA
PSICOTERAPIA DE FAMÍLIA
PSIQUIATRIA ALTERNATIVA
PUNK
QUESTÃO AGRÁRIA
QUESTÃO DA DÍVIDA EXTERNA
QUÍMICA
RACISMO
RÁDIO EM ONDAS CURTAS
RADIOATIVIDADE
REALIDADE
RECESSÃO
RECURSOS HUMANOS
REFORMA AGRÁRIA
RELAÇÕES INTERNACIONAIS
REMÉDIO
RETÓRICA
REVOLUÇÃO

ROBÓTICA
ROCK
ROMANCE POLICIAL
SEGURANÇA DO TRABALHO
SEMIÓTICA
SERVIÇO SOCIAL
SINDICALISMO
SOCIOBIOLOGIA
SOCIOLOGIA
SOCIOLOGIA DO ESPORTE
STRESS
SUBDESENVOLVIMENTO
SUICÍDIO
SUPERSTIÇÃO
TABU
TARÔ
TAYLORISMO
TEATRO NO
TEATRO
TEATRO INFANTIL
TECNOLOGIA
TELENOVELA
TEORIA
TOXICOMANIA
TRABALHO
TRADUÇÃO
TRÂNSITO
TRANSPORTE URBANO
TROTSKISMO
UMBANDA
UNIVERSIDADE
URBANISMO
UTOPIA
VELHICE
VEREADOR
VÍDEO
VIOLÊNCIA
VIOLÊNCIA CONTRA A MULHER
VIOLÊNCIA URBANA
XADREZ
ZEN
ZOOLOGIA

IMPRESSÃO:

Santa Maria - RS - Fone/Fax: (55) 222.3050
www.pallotti.com.br
Com filmes fornecidos.